创新驱动发展战略下国外税制借鉴与我国税制优化研究

姜艳凤　著

山东大学出版社

图书在版编目(CIP)数据

创新驱动发展战略下国外税制借鉴与我国税制优化研究/姜艳凤著. —济南:山东大学出版社,2019.8
ISBN 978-7-5607-6402-3

Ⅰ.①创… Ⅱ.①姜… Ⅲ.①税收改革—研究—中国 ②税收政策—研究—中国 Ⅳ.①F812.422

中国版本图书馆 CIP 数据核字(2019)第 180803 号

策划编辑:张申华
责任编辑:陈佳意
封面设计:牛　钧

出版发行:山东大学出版社
社　址　山东省济南市山大南路 20 号
邮　编　250100
电　话　市场部(0531)88363008
经　　销:新华书店
印　　刷:济南新科印务有限公司
规　　格:720 毫米×1000 毫米　1/16
13.5 印张　235 千字
版　　次:2019 年 8 月第 1 版
印　　次:2019 年 8 月第 1 次印刷
定　　价:32.00 元

目　录

第一篇　概　论

第二篇　国内外分税种研究

第一篇 概 论

该部分主要介绍创新驱动发展战略下国外税制的借鉴、我国税制的构建原则和基本措施两部分内容。第一篇概论的相关内容为第二篇国内外具体税种改革研究提供理论和原则的支撑。

第一章　创新驱动发展战略下国际税制的借鉴研究

一、我国现行税制与缺陷

（一）我国主要税种

税收是国家取得财政收入的一种重要工具，国家课征税款的目的是满足社会公共需要，其本质是一种分配关系。国家征税的依据是政治权力，它有别于按生产要素进行的分配。税收已经不仅是经济领域的问题，而且是政治领域、社会领域的重大问题。

我国现行18个税种，可分为五大类：商品（货物）和劳务税类、资源税和环境保护税类、所得税类、特定目的税类、财产和行为税类。其中，商品（货物）和劳务税类包括增值税、消费税、关税；资源税和环境保护税类包括资源税、环境保护税、土地增值税、城镇土地使用税；所得税类包括企业所得税、个人所得税；特定目的税类包括城市维护建设税、车辆购置税、耕地占用税、烟叶税、船舶吨税；财产和行为税类包括房产税、车船税、印花税和契税。商品（货物）和劳务税类主要在生产、流通或服务业中发挥调节作用。资源税和环境保护税类主要调节因开发和利用自然资源所形成的级差收入。所得税类主要调节生产经营者的利润和个人的纯收入。特定目的税类主要是为达到特定目的，调节特定对象和特定行为。财产行为税是指以纳税人拥有的财产数量或者财产价值为征税对象，或是为了实现某种特定的目的，以纳税人的某些特定行为为征税对象的税种。

增值税是以商品、劳务和应税行为在流转过程中产生的增值额为征税对象所征收的一种流转税。增值税之所以能够在众多国家推广，是因为其可以有效防止商品在流转过程中的重复征税问题，并使其具备保持税收中性、普遍征收、税收负担由最终消费者承担、实行税款抵扣制度、实行比例税率、实行价外税制度等特点。

消费税的征税对象主要是与居民消费相关的最终消费品和消费行为。与其他税种比较，消费税具有如下特点：征收范围具有选择性；一般情况下，征税环节具有单一性；平均税率水平较高且税负差异大；计税方法具有灵活性。

企业所得税是对我国境内的企业和其他取得收入的组织的生产经营所得和其他所得征收的一种税。其作用为：促进企业改善经营管理活动，提升企业的盈利能力；调节产业结构，促进经济发展；为国家建设筹集财政资金。

个人所得税是以自然人取得的各种应税所得为征税对象而征收的一种所得税，是政府利用税收对个人收入进行调节的一种手段。个人所得税的纳税人不仅包括个人还包括具有自然人性质的企业。从世界范围看，个人所得税的征收模式分为三类：分类征收制、综合征收制和混合征收制。我国现行个人所得税税制模式改革方向是由分类征收制向分类与综合相结合的模式转变。

城市维护建设税是对从事工商经营活动、缴纳增值税、消费税的个人和单位征收的一种税。教育费附加和地方教育费附加是我国财政性教育经费的两大来源。教育费附加和地方教育费附加是对缴纳增值税、消费税的单位和个人，就其实际缴纳的税额为计税依据征收的一种附加税。

关税是对准许进出境的货物和物品征收的一种税。船舶吨税简称“吨税”，是指自境外港口进入中华人民共和国境内港口的船舶，因享受了我国的航道和导航设施而支付的价值补偿。

资源税是对在我国领域及管辖海域从事应税矿产品开采和生产盐的单位和个人课征的一种税。按照“普遍征收，级差调节”的原则，考虑资源的优劣，对级差收益进行有效的调节。2016 年 7 月 1 日起全面推进资源税改革，对绝大部分应税产品实行从价计征方式。同时，在河北省开征水资源税试点，采取水资源费改税方式，将地表水和地下水纳入征税范围，实行从量定额计征，并探索逐步将其他自然资源纳入征税范围。自 2017 年 12 月 1 日起，我国在北京、天津、山西、内蒙古、山东、河南、四川、陕西、宁夏等省（自治区、直辖市）扩大水资源税改革试点。

房产税是以房屋为征税对象，按房屋的计税余值或租金收入为计税依据，向产权所有人征收的一种财产税。现行的房产税是第二步利改税以后开征的，1986 年 9 月 15 日，国务院正式发布了《中华人民共和国房产税暂行条例》，从 1986 年 10 月 1 日开始实施。

环保税是对在中华人民共和国领域和中华人民共和国管辖的其他海域，直接向环境排放应税污染物的企业事业单位和其他生产经营者征收的一种税。环境保护税作为费改税开征的税种，自 2018 年 1 月 1 日起施行。

(二)我国现行税收制度

一个国家的税收制度，可按构成方式分为简单型税制和复合型税制。税法按照基本内容和效力、职能作用、征收对象、权限范围的不同，可以分为不同的类型。按照税法基本内容和效力的不同，可分为税收基本法和税收普通法；按照税法的职能作用的不同，可分为税收实体法和税收普通法；按照税种征收对象的不同，可分为商品和劳务税税法、所得税税法、财产行为税税法、资源税税法以及特定目的类税法；按照主权国家行使税收管辖权的不同，可分为国内税法、国际税法以及外国税法。

改革开放以来，我国税制经历了三次重大改革。第一阶段“84 税改”，即 1984～1993 年，以恢复重建税法制度为目标，全面进行工商税制改革。第二阶段“94 税改”，即 1994～2003 年，以建立与市场经济体制相适应的税法体系为目标，对税制进行全面调整，体现市场经济对税法统一、税负公平的要求。第三阶段“04 税改”，即 2004 年至今，以建立更加规范完备的税法体系为目标，局部调整税制，实行“结构性减税”，提升税制的法定性和公平性。我国实行流转税居主导地位的复合税制体系，征收的税种有流转税、所得税、财产税等。1949 年以来，中国经历了多次税制改革，但并未改变流转税的主导地位。

(三)我国税制的不足

1. 税制结构不合理

由表 1-1 可以看出，国内增值税、国内消费税、企业所得税、个人所得税中，增值税、消费税等间接税比重相对较大，而所得税比重较小。根据税法的转换原则，间接税比重过大，其累退性特点容易引起市场不公平，且收入缺乏弹性，一旦提高税率，商品和劳务的价格就会上涨，从而抑制需求。

表 1-1　　2015～2017 年我国主要税种税收收入　　单位:亿元

税种	2015 年	2016 年	2017 年
国内增值税	31109	40712	56378
国内消费税	10542	10217	10225
企业所得税	27125	28850	32111
个人所得税	8618	10089	11966

资料来源:国家统计局网站(http://data.stats.gov.cn/easyquery.htm? cn=C01)。

2.税法体系不完善,不能充分做到有法可依

宪法中没有规定税收立法的原则,也没有税收立法的授权权限。在我国,税收立法大量采用授权立法。目前,我国只有《个人所得税法》《企业所得税法》以及《中华人民共和国税收征管法》等是由全国人大及其常务委员会通过实施。除此之外,我国税收收入规模最大的增值税还只是以国务院或由全国人大常委会授权国务院制定的"暂行条例"形式出现。因此,我国税收法律体系的层级较低,权威性不足。

3.税收惩罚力度过轻,偷税漏税现象极为严重

纳税人偷税漏税直接损害国家利益,损害国家财政和税收收入,一旦偷税漏税形成气候,国家的财政支出计划和民众的生活将无法得到保障,社会福利更成为奢望。同时,偷税漏税的行为造成社会分配严重不公。因此,我们需要加大偷税漏税的惩罚力度,增加纳税人偷税漏税的成本,使他们不愿也不敢偷税漏税。

4.企业税负过重

"营改增"实施以来,宏观上企业税负下降了,但不可避免的是一些企业却面临着税负加重的问题。例如对于金融企业来说,税率的下降使得税负下降,而税基的扩大却使税负上升,一降一升却使得总体税负上升。因此,我们迫切需要实施更多税收优惠政策,保证所有行业都能在"营改增"的进程中受益。

5.创新驱动发展的税收政策体系尚不健全

根据不同的创新型企业所处发展阶段的不同,大体可分为初创型、成长型、成熟型三种。支持企业创新的政策理应遍及企业不同的发展阶段,但我国现行税收优惠政策是以已取得认定资格的高新技术企业为主,对于技术相对落后并且需要进行技术升级的企业税收鼓励措施不足。除此之外,现在的税收优惠政策大多侧重于事后优惠,对正进行科技开发的企业缺少事

中奖励，对急需技术改进的企业缺乏事前鼓励。此外，对企业在研发支出方面的抵免、研发专用设备的投资和加速折旧以及提取科研开发准备金等方面的税收支持力度不够，缺乏专门的税收优惠规定，这在很大程度上打击了企业增加研发投入的积极性。

二、国外税制改革经验

（一）实施税收优惠政策，激励企业研发行为

世界经济发展史表明，在市场环境下，企业的研发和创新通常面临很多不确定性。因此，世界上每个国家都采取积极措施激励企业的研发行为。并且，税收激励具有间接性、多样性和导向性的特点，不仅能有效地矫正市场失灵，还可以通过税收激励，降低和化解企业风险，引导企业投资决策行为，从而进一步实现国家创新的战略目标。

比如，韩国采取税收抵免政策。具体措施为符合条件的新成立的高增长公司产生的研发支出的20%可以抵免，而中小企业的研发支出抵免比例提高到30%。为鼓励投资于新的研发设施，在新研发设施建设过程中发生的成本可以在设施完工年度加计扣除10%。新加坡采取加计扣除政策。具体措施为对符合条件的研发支出给予150%的加计税收扣除优惠。在2011～2015年，加计扣除比例从150%提高到400%。其他相机抉择的税收抵免包括200%的加计扣除，适用范围是经过经济发展委员会批准的项目所产生的研发支出。①

（二）严厉的税收惩罚

国外采用严密的征管、稽查制度和严厉的惩罚措施使得纳税人形成高度自觉的纳税意识。例如，美国公民一直是政府税收的积极支持者，自愿纳税申报者高达90%以上，这与美国严厉的纳税惩罚措施是分不开的。税收惩罚措施一般包括经济惩罚和刑事惩罚两类。美国公司纳税人逾期申报，按应缴税额的5%～25%缴纳罚款；对拒绝税务人员审计的行为，每次罚款500美元；对查处的偷税行为不但要收回所偷税款及利息，而且要处以75%

---

① 参见鞠铭：《从国际经验看我国研发活动企业所得税优惠政策的完善》，《税务研究》2017年第12期。

的罚款，情节严重的查封财产并判处5年有期徒刑。[①]

（三）降低社会保障税税负，鼓励就业

随着人口老龄化，大多数国家面临着社会保障资金不足的问题。然而，社会保障税主要是对劳动征税，若税负过高，则不利于充分就业。通过降低社会保障税率，可以以减税促就业。因此，迫于就业压力，德国、爱尔兰、匈牙利和美国都通过调整免税标准、降低税率（美国为临时降低）等方式来降低社会保障税税负，以促进就业。

美国在2010年3～12月期间，对企业新雇佣失业人员免社会保障税，2011年期间，雇员社会保障税税率从6.2%降至4.2%，自营职业者从12.4%降至10.4%。德国从2009年1月1日起，将失业保险税税率从3.3%降至3%，之后又临时从3%降至2.8%，在2009～2010年期间，医疗保险税税率从15.5%降至14.9%。匈牙利从2009年7月1日起，雇主社会保险税税率从29%降为26%，失业保险税税率从3%降为1%，从2010年1月1日起，对雇主取消5%的医疗保险税和1%的劳动市场保险税，改为3%的医疗和劳动市场保险税，同时，雇员养老保险税税率从9.5%提高至10%。爱尔兰从2009年1月1日起，提高社会保险税不征税上限，从2010年1月1日起，对新雇佣失业人员免征社会保障税。[②]

（四）适时开征新税种

近年来，有些国家开征银行税和航空税等新税种，既能增加政府税收收入又能实现政策目的。例如，征收银行税成为后金融危机时期的新潮流，开征多种形式的银行税有助于应对金融危机。法国国民议会几乎毫无疑义地投票赞成对欧盟范围内所有金融交易征税。继匈牙利、英国、法国和德国之后，塞浦路斯和韩国也先后开征银行税。

（五）有增有减的税制结构性调整

之前美国、欧洲等发达国家主要税收来源于企业所得税、个人所得税等

---

① 参见《税收征管改革探索与实践》编写组：《税收征管改革探索与实践》，中国税务出版社2012年版，第155页。

② 参见李菲、翟雪峰：《关于提高我国社保费征收效能的国际借鉴研究》，《国际税收》2018年第2期。

直接税。与间接税相比，所得税是“内在稳定器”，能更好地调节社会总需求，且所得税能够缓和贫富差距。此外，商品经济高度发达的国家实行自由贸易，经济竞争异常激烈，而征收所得税为企业开展广泛的竞争创造了有利的条件。

主权债务危机爆发后，增加政府收入成为当务之急。一方面，为了刺激供给和需求，应对国际税收竞争，需要继续降低直接税；另一方面，直接税的增收受到纳税人的抵制，因此，更多的国家转向间接税的增收和寻找新税源。进行有增有减的税制结构性调整是税制改革的国际趋势，单一所得税主体或双主体税制结构开始向广覆盖、多主体、轻税负的税制结构转变。

(六)环境资源税备受关注

近年来，许多国家关注经济增长与资源、环境之间的和谐发展。发挥环境资源税的作用，改善日益恶化的环境问题，成为许多国家的共识。通过征收资源环境税，增加资源使用成本，可以达到尽量减少资源消耗和保护环境的目的。随着日益严重的资源和环境的双重压力，资源环境税愈来愈受到各国的重视。近年来世界范围内征收环境保护税的政策层出不穷，其中最引人注目的是碳税，很多国家都在酝酿或准备开征碳税，是否开征及怎样开征碳税仍然是2009年至今的热点话题。例如，日本政府自2011年10月1日起分阶段开征环境税，一些国家则希望通过征收资源税弥补财政赤字。另外，征收资源税，还可以推动经济增长方式的转变。

三、国外税制改革的经验借鉴①

尽管当今世界各国的税制框架已基本形成，但是世界各国的税制改革仍然方兴未艾，特别是世界金融危机推动了世界税制改革的新发展。国外税制改革的经验，对于深化中国的税制改革、完善税制体系将会有重要的启示作用。

(一)进一步利用税收优惠，激励我国企业研发行为

创新是民族的灵魂，是民族经久不衰的法宝。我们要以税收优惠政策激励我国企业的研发行为。可借鉴美国的《税收抵免及医疗保健法案》、日本的《中小型企业投资促进税制》制定适应我国国情的激励中小企业研发行

① 本部分内容中的相关数据来源于国家统计局网站(http://data.stats.gov.cn)。

为的法律、法规及规章。我们要以普惠性为原则，拓宽企业研发的税收激励对象。加强政府部门大数据信息合作，强化税收激励优惠政策的系统性。将税收激励政策覆盖于企业的自主研发、创业、技术转移、人才激励等各个环节和领域，从而形成相对完善的支持企业创新的税收优惠政策体系。加大对研发前期、中期的税收激励力度。借鉴俄罗斯的税收激励方式，建立更多的高科技开发区，对高科技项目不设投资额度的限制，统一降低税率为15%，项目投产前5年内免缴房产税和土地使用税。

（二）完善税收立法

我们应重塑税收立法权限。为保证税收的规范性、合理性，征税必须有法可依，否则国家没有权力课税、征税，公民也不负纳税义务。应切实做好税法立法的权限划分，加强全国人大及其常务委员会立法权限，收缩国务院及其以下行政机关的行政立法，最大限度地避免税收立法过程中的随意性，提高税收法律层级，尽量避免由于行政机关的立法不稳定导致对纳税人合法权益的损害，增强税收立法的权威性、规范性与稳定性。

（三）完善社会保障税体系

随着人口出生率的下降，我国进入了未富先老的尴尬阶段。抚养比由2012年的2.97下降到2015年的2.87，再到2016年的2.8，也就是说2.8个劳动力（缴纳养老保险）养1位老人。2016年全国养老金余额平均仅能支付17.2个月，有7个省份养老金收不抵支，其中黑龙江省累计结余竟然是－320亿元。

针对这一突出难题，我们有以下解决方案：加大养老保险的覆盖面，完善农村养老保险制度。2017年，中国居住在农村的人口为674149546，占比50.32%。由此数据可以看出我国农村人口仍占大多数，因此改变农村养儿防老的传统观念，完善农保机制，鼓励全社会参保，可以增加我国养老金余额。此外，在合理范围内，实施弹性年龄退休制，防止提前退休，对缓冲我国养老金的短缺也能起到一定作用。

（四）开征单身税、水资源税等新税种

“单身税”，顾名思义就是因单身而缴的税，但“单身税”并不是单独征收的某种税，而是单身或者没有孩子的人，不能享受某些税收优惠。“单身税”的目的就是解决生育率低下和老龄化严重等问题。从纵向上看，“单身税”

有很长的历史渊源。早在中国汉朝,因中国人口稀少,汉惠帝已经开始征收单身税;在古希腊和古罗马,帝王会向超过适婚年龄而未结婚的人征收特别税款;从横向上看,在英国单身者一年要比已婚人士多缴5000英镑的税收,韩国在2015年恢复了已中止的设置生育、领养免税额等政策。当今我国老龄化问题越来越严重,2017年我国出生人口为1723万,出生率为12.43‰,从整体趋势上看,出生人口、出生率都有所下降。因此我们可考虑征收"单身税",以缓解我国人口老龄化的问题。

中国淡水资源短缺日益严重,这需要加大对水资源的保护力度。之前我们曾对水资源收费,但其严肃性、权威性较低,遵从度不高。在这一背景下,我国提出费改税,这一措施的实施有效遏制了水资源费漏征、少征、拖欠等现象,一定程度上堵塞了征管漏洞。我国于2016年在河北省首次执行了水资源税的试点,于2017年在北京市、天津市、山西省、内蒙古自治区、山东省、河南省、四川省、陕西省、宁夏回族自治区等地区推行,后续以期在全国推行。

(五)调整税制结构,建立"双主体"型税制模式

中国的税收主要来源于增值税、消费税等间接税,而美国等经济发达的国家则以所得税为主。美国经济发达,税收以公平型的所得税为主,而中国是经济欠发达的国家,税收以效率型的间接税为主。但随着中国经济持续高速发展,国民收入分配持续向个人倾斜,全国范围内贫富差距也越来越大。我们需要逐步提高所得税在我国税收中的地位,使初次分配重效率、再次分配重公平这一原则得到充分体现。我们应循序渐进地改革税制,逐渐建立适应我国国情的"双主体"型税制模式。

(六)开征环境保护税

随着我国社会的不断发展,环境保护引起了人们极大的关注。环境保护税是对在中华人民共和国领域和中华人民共和国管辖的其他海域,直接向环境排放应税污染物的企业事业单位和其他生产经营者征收的一种税。为了保护和改善环境,减少污染物排放,推进生态文明建设,第十二届全国人民代表大会常务委员会第二十五次会议于2016年12月25日通过了《中华人民共和国环境保护税法》,这是我国第四部经过立法机关正式立法的税收实体法。环境保护税作为费改税开征的税种,自2018年1月1日起开始实施。我国环境保护税虽已开始实施,但仍存在浅层水与深层水的划分标

准问题、公共供水管网的覆盖内外问题、施工企业疏干排水的水资源费征收管理等问题，因而需要进一步完善。

结　论

税收是国家发展到一定阶段的产物，具有悠久的历史。税收的作用起初仅是保障政府财政收入，但在市场经济条件下，税收的职能越来越丰富，具有配置资源、调节需求总量、调节经济结构、调节市场分配、监督经济活动等作用。税收制度对经济具有能动的反作用，符合经济发展的税收制度能促进经济的发展；反之，不符合经济发展的税收制度阻碍经济的发展。因此我们有必要重新审视我国现行税收制度，借鉴国外经济发达国家税收经验，完善我国税收政策。但借鉴国外税收政策并不是盲目学习他们的所有措施，世界上任意两个国家的经济发展模式都不是完全一样的，尤其是我国有着悠久的历史、复杂的国情。因此，我们需要在借鉴国外税收改革经验的基础上，依据我国的具体国情，改革我国的税收制度，以建设创新型国家，更好地促进经济发展。

第二章　创新驱动发展战略下我国税制的构建原则与措施

一、创新驱动发展战略对税制改革的新要求

改革开放以来，中国经济在劳动和资本投入等生产要素的驱动下持续高速增长。然而，这一经济增长速度并不能一直持续。从实际来看，中国原有的经济增长动力开始衰竭，经济发展进入新常态。2018 年中国经济增速目标为 6.5%，这一目标符合中国基本国情，说明中央在重视中国经济发展规模的同时也开始注重发展质量。在党的十八届五中全会上，以习近平总书记为中心的中央政府将“创新发展”列为五大发展理念之首，明确指出创新是引领发展的第一动力。在十九大报告中，“创新”一词出现 50 余次；习近平总书记再次强调创新是引领发展的第一动力。由此可见，当前创新对我国的重要性及党和国家对于创新的重视程度。

作为国民经济的主要指标，税收收入是经济运行状况的综合反映，税收对经济发展有能动的反作用，与经济发展要求不相适应的税收制度会阻碍经济的发展。因此，实施创新驱动发展战略，税收政策也应随之进行必要的变革和完善，以构建适应创新发展战略的税收制度。

二、创新驱动发展战略下我国税制改革原则

2017 年 11 月 20 日，税务总局王军局长表示，全会一致通过的《深化改革若干重大问题的决定》对今天和将来一定时期的税制改革作出了具体部

署,具体可以概括为一个鲜明点、五个重要方面。[①]

“一个鲜明点”便是从加强我国治理体系和治理能力现代化程度的层次出发部署中国税制改革。《深化改革若干重大问题的决定》指出财政是国家治理的基石,科学的财税体制是优化资源配置、维护市场统一、促进社会公平和实现国家长治久安的制度保障。该决定很好地体现了税收政策在我国治理体系中的重要地位。

“五个重要方面”:一是保持“两个稳定”,即保持税负稳定,保持现有中央和地方财力分布整体稳定,但稳定是动态的,并非一成不变,这是税制改革的基调;二是落实税收法定,做到有法可依,有法必依,执法必严,违法必究,这是税制改革的原则;三是优化税制结构,加大间接税改革力度,逐步提高直接税比重,完善地方税体系,这是税制改革的要点;四是支持全方位税制改革,这是税制改革的责任;五是完善现有的税收征管体系,这是税制改革的保障。

(一)保持两个稳定

“两个稳定”即保持税负稳定和保持中央和地方财力格局总体稳定。中央财经大学税收教育研究所所长贾绍华表示,稳定税负意味着税制改革前提是宏观税负不变,税制改革将会有增有减,增减相抵等于税负不会有太多变化。税负稳定是指宏观税负水平在一定区间内的稳定,是相对的而不是绝对的,是动态的而不是静态的。保持税负稳定意味着税收增速与经济增速应保持基本同步,税收有增有减,具体表现为增加所得税等直接税的税收,减少以增值税为代表的间接税收入。1994 年的分税制改革初步规范了我国中央与地方税的权力,但这一划分虽解决了中央财力问题,却存在很多不规范、不科学的因素。我国税权过于集中,地方税严重不足,税权划分不合理。我们迫切需要建立规范、科学、稳定的税权划分体系,确保地方财力,从而形成地方与中央财力与事权相匹配的财税体制,更好地激发中央与地方的积极性。

(二)落实税收法定

所谓税收法定原则,即国家征税的内容、公民纳税的强制性、无条件义

---

① 参见王军:《加强税收风险管理 坚决纠正过头税》,2017 年 2 月 5 日,https://finance.sina.com.cn/roll/2017-02-05/doc-ifyafcyx6985807.shtml。

务由法律来规定。这一原则是现代法治社会在税收上的体现,它要求税法的每一项规定都具有明确性。其作用在于:一方面使经济生活具有法的稳定性;另一方面使经济生活具有法的可预见性,以充分保障公民的财产权益。基于此,税收法定主义应当包括税种法定、征税要素法定、程序保障法定。

(三)优化税制结构

优化一国税制结构的进程并非是静态的,因而不能急于求成,但税制结构优化这一长期发展过程是由一个个相对静态的阶段构成的,这就需要我们从静态角度入手,研究如何逐步优化我国的税制结构。

在稳定的税负总水平下,要想充分发挥税收的职能,必须优化我国税制结构。为此,我们应当借鉴国际税收经验,遵循如下思想:以经济发展水平为依据,以财政需求为基础,以公平、效率为目的,从税种的优化、税率的优化和征管构成的优化入手,进行税制改革,在我国构建起以流转税与所得税并重的、富有弹性的、征管效率高的税收制度,实现我国税制结构同世界有代表性国家税制结构的趋同。

(四)支持全面税制改革

全面深化改革,是中国共产党从建设中国特色社会主义事业和全面建成小康社会的全局出发提出的一项重大战略任务。税收作为国家财政收入的主要来源和宏观调控的重要手段,对经济发展具有能动的反作用,其自身的特定职能决定了税收在全面深化改革进程中起着重要作用。我们应当正确认识全面深化改革与进行税收改革的关系,认真分析和定位我国税收发展策略,合理分析和解决当前税收制度在全面深化改革中的矛盾,完善现行税制,在税收实践中贯彻落实全面深化改革这一明确要求。

(五)完善征管体系

税收征管体系是税收征收管理活动中所涉及的所有相互联系和相互制约的要素最终形成的整体系统。税收征管体系与税收治理能力是静与动、形与质的关系,前者是后者的制度支撑,后者是前者的目标导向,两者相互联系、不可分割。构成税收征收管理活动的基本要素有征管法规、征管制度、征管规程、征管手段、征管机构、征管队伍、监控网络等。

在当代中国经济新常态大前提下,税收征管面临着新兴产业和新型商业贸易模式、大数据经济和“互联网+”“一带一路”等“走出去”策略及税收制度与征管改革等一系列挑战，而传统的税收征管系统在主体、制度、信息、流程和考核等方面都存在某种程度的欠缺，难以直面新常态下的征管新挑战。税收治理能力是税收征管体系的目标导向，税收征管体系是税收治理能力的制度支撑，构建科学严密的税收征管体系有利于提升税收治理能力。

当下税收征管体系存在以下问题，导致税收治理能力大为削弱：主体不严密、综合治税局面尚未形成，制度不严密、征管各项制度有待完善，信息不严密、信息管税能力需要提升，流程不严密、征管各项流程仍需梳理，考核不严密、绩效考核不够科学。

构建科学严密的税收征管体系，提升税收治理能力，需要在前瞻性、继承性和整体性的原则要求下，做好以下几项具体工作：加强合作，形成综合治税的合力；加快进程，推动《征管法》早日修订；立足大数据，提高信息管税能力；完善流程，实现征管流程再造；深化考核，促进征管体系进一步完善。

三、创新驱动发展战略下我国税制改革的基本措施

十九大报告提出，我们要加快建立现代财政制度，建立权责清晰、财力协调、区域均衡的中央和地方财政关系。建立全面规范透明、标准科学、约束有力的预算制度，全面实施绩效管理。深化税收制度改革，健全地方税体系。基于此，我国税制改革的基本措施可以总结为如下三点：

(一)重点推进中央和地方财政关系改革，实现权责明晰、财力协调、区域均衡

权责清晰、财力协调、区域均衡这三个方面，是完善中央和地方财政关系的新要求，为深化我国财政体制改革指明了方向。科学规范的中央和地方财政关系，事关区域均衡发展和国家长治久安，必须有清晰的财政事权和支出责任划分原则、合理的财力配置和明确的目标导向。

权责清晰是前提，就是要形成中央领导、合理授权、依法规范、运转高效的财政事权和支出责任划分模式。要合理划分政府间事权与支出责任，促进权力与责任、办事与花钱相统一，全面提升国家的治理效率。在处理好政府和市场关系的基础上，按照体现基本公共服务受益范围、兼顾政府职能和行政效率、实现权责利相统一、激励地方政府主动作为等原则，合理划分各领域中央与地方财政事权和支出责任，成熟一个出台一个，逐步到位。

财力协调是保障，就是要形成中央与地方合理的财力格局，为各级政府

履行财政事权和支出责任提供有力保障。从长远看,财力协调政策重点要落在中央和地方收入划分体系的建设上。在保持中央和地方财力格局总体稳定的前提下,科学确定共享税中央和地方分享方式及比例,适当增加地方税种,形成以共享税为主、专享税为辅,共享税分享合理、专享税划分科学的具有中国特色的中央和地方收入划分体系。同时,继续优化转移支付制度,扩大一般性转移支付规模,建立健全专项转移支付定期评估和退出机制。

区域均衡是方向,就是要着力增加财政困难地区兜底能力,稳步提升区域间基本公共服务均等化水平。"区域均衡"是落实党的十八大关于基本公共服务均等化和主体功能区建设的公共财政体系以及公共资源出让受益合理共享机制的要求。

(二)实施全面绩效管理,实现标准科学、财力协调、约束有力的预算制度

建立对预算的监管和约束尺度,关键在于"全面绩效管理"。早在1998年,我国已经提出"绩效管理"这一概念,但在全部政府支出层面,现实中真正执行的甚少,特别是大规模的基建投资,因此我们迫切需要把所有的政府支出引入到绩效考核的范畴中来,并加强对绩效管理的重视。

(三)健全地方税体系

党的十九大报告在税制改革部分提出了"健全地方税体系"的具体要求。"财力协调"要求形成中央和地方科学的财力格局,为中央和各级政府履行财政事权和支出责任提供有力经济保障。合理的地方税体系是实现"财力协调"的中央和地方财政关系的主要内容。

地方税收是我国经济工作的重要组成部分,是地方政府执行地方事务的经济来源,在引导经济走向、转变经济发展方式特别是保障地方经济稳定发展中发挥着十分重要的作用。地方税体系是综合体系,由多种地方税组成,具有一定程度的收入规模、明确的税权划分和相对独立的征收管理机构。

我国作为幅员辽阔、人口众多、东西部经济社会发展不平衡的单一制大国,需要建立既符合市场经济一般规律,又符合中国国情的中央和地方收入划分体系。因此我们要培育确立地方税主体税种,这是构建完善地方税体系的重要的前提。首先要科学顶层设计,处理好确立与发展的关系。充分尊重税源壮大和税基扩大的自然规律,做好税制衔接和税种过渡的准备工

作，保证中央和地方的财力格局总体水平稳定。其次要发展多元化的地方税主体税种，从推动经济结构优化和产业结构转型的角度，将两个或者两个以上税种捆绑作为地方税的主体税源。此外还要强化地方税收优惠政策的规范与管理。

结　论

随着中国特色社会主义进入新时代，我国经济已由高速增长阶段转向高质量发展阶段。因此实施创新驱动发展战略，税收政策也应随之进行必要的变革和完善，以构建适应创新发展战略的税收制度。本书总结了我国税制改革的原则包括“一个鲜明点，五个重要方面”，基本措施包括建立权责清晰、财力协调、区域均衡的中央和地方财政关系；建立全面规范透明、标准科学、约束有力的预算制度，全面实施绩效管理；深化税收制度改革，健全地方税体系等。

第二篇　国内外分税种研究

该部分主要介绍创新驱动发展战略下国际具体税种的改革趋势与借鉴以及我国具体税种存在的问题和改革措施。第二篇国内外具体税种改革研究是第一篇概论部分的具体细化。

第三章　创新战略下国际增值税改革趋势与借鉴

引　言

1918 年德国实业家 Dr. Wilhelm von Simens 提出增值税代替营业税的税制设想，1954 年 4 月，法国实现了由营业税到增值税的改革。增值税具有宽税基、消除重复征税等优越性，增值税的推广和完善能够促进社会精细化分工和生产效率的提高。因此，从法国开始，增值税逐渐风靡全球 100 多个国家和地区。随着全球经济的不断发展，各国增值税制度也随之调整和改进。特别是全球经济普遍进入创新发展阶段，增值税制度的设计和改革会极大地影响国家的创新水平，因此，研究创新战略下国际增值税的改革趋势并加以借鉴极为必要。

增值税的征税领域是诸国难以确定的问题，如是否应对金融保险业、公共服务部分征税？服务业的是否应当出口退税？大部分国家将金融服务和保险从增值税体系中剔除，改为征收营业税。Alan S. Schenk(2002)提出，这种豁免政策在一定程度上导致经济体系扭曲，影响了各国国内机构在国际市场的竞争地位。Satya Poddar(2010)提出使用基于修正的现金流方式定义税基，进而征收增值税，使用该方法可以促进金融业规范发展。一般而言，大部分国家对政府机构提供的服务不征税。而新西兰增值税征税范围几乎包括所有的公共部门，特别免税的除外。在新西兰，公共部门对其“销售”应支付增值税，例如以酬金、收费、补助金、津贴等形式取得的收入，地方政府以地方税收的形式取得的收入都要缴纳增值税。新西兰政府认为，公共部门支付增值税可以提高其责任意识，增加行为透明度。同时，也提高了社会资本运用效率。在货物贸易方面，进口征税和出口退税已经成为了世界贸易组织批准的通用规则，但其在服务贸易方面的约束力仍较为微弱，进一步完善全球化下的增值税制度，有利于全球资本的有效利用。

可见，各国对于增值税征税范围的规定有所不同，然而他们都根据本国实际情况，通过税制改革促进本国经济发展。本书通过对各国增值税制度的详细梳理，剖析其改革的原因及影响，从而对我国增值税的改革提供借鉴。

一、国际增值税制度概述

各国对增值税的称呼不同，但本质却是一样的。在澳大利亚、加拿大、新西兰，其英文直译为“商品及服务税”，但官方中文翻译多为“消费税”，日本称其为“消费税”，在韩国为“附加价值税”，在新加坡为“消费税”。表3-1是开征增值税的国家和地区的标准税率排名，在62个国家和地区中，中国增值税税率排名第37位。

表3-1　各国增值税税率

国家(地区)	税率	国家(地区)	税率
丹麦	25%	马耳他	18%
匈牙利	25%	马其顿	18%
瑞典	25%	俄罗斯	18%
挪威	25%	塞尔维亚	18%
冰岛	24.50%	土耳其	18%
芬兰	23%	波黑	17%
希腊	23%	中国	16%
爱尔兰	23%	委内瑞拉	16%
葡萄牙	23%	以色列	15.50%
波兰	23%	塞浦路斯	15%
意大利	22%	卢森堡	15%
拉脱维亚	22%	哈萨克斯坦	15%
克罗地亚	22%	墨西哥	15%
比利时	21%	斯里兰卡	15%
立陶宛	21%	加拿大	14%

续表

国家(地区)	税率	国家(地区)	税率
丹麦	25%	马耳他	18%
荷兰	21%	南非	14%
西班牙	21%	萨尔瓦多	13%
阿根廷	21%	印度	12.50%
奥地利	20%	新西兰	12.50%
捷克	20%	菲律宾	12%
爱沙尼亚	20%	厄瓜多尔	12%
斯洛伐克	20%	澳大利亚	10%
斯洛文尼亚	20%	黎巴嫩	10%
英国	20%	巴拉圭	10%
保加利亚	20%	韩国	10%
乌克兰	20%	瑞士	8%
法国	19.60%	新加坡	7%
德国	19%	泰国	7%
智利	19%	多米尼加	6%
秘鲁	19%	日本	5%
罗马尼亚	19%	马来西亚	5%

资料来源:中国人民大学财税研究所:《中国增值税改革影响与展望》,中国人民大学出版社2016年版,第29页。

欧盟成员国普遍征收增值税。然而,部分成员国有特别免税地区,例如西班牙的加那利群岛(Canary Islands)、休达(Ceuta)、梅利利亚(Melilla),英国的直布罗陀(Gibraltar),芬兰的奥兰群岛(Aland Islands)等。葡萄牙的马德拉(Madeira)则征收一个相当低的增值税税率。欧盟各国的增值税税率不尽相同,最低的标准税率是15%,部分国家的部分商品(如家用燃料和电力)则税率可低至5%,最高税率为25%。

截至目前,大约有80个国家尚未采纳增值税,尚未采纳增值税的国家大多是大洋洲和加勒比地区的岛屿型国家,而这些国家或地区可以通过选择性的消费税、总收入税、特许经营税以及来自旅游的收入变得十分富足。

中东地区的国家依赖石油收入为其公共支出融资而未开征增值税。除此而外,大量的非洲国家始终还是实行法国老式的生产税或英国老式的制造商销售税。

20 世纪 80 年代初以来,美国对增值税征收与否的问题一直争论不休。反对派认为增值税会成为联邦政府送钱的机器,会破坏现在几乎所有州都开征的零售销售税。印度的宪法则将一般消费税的征收权划分给邦政府,多数邦征收的是制造商和零售环节的销售税,而征收全面性增值税的邦只有马哈拉什斯特拉(Maharashtra)。

二、国际增值税具体制度设计与共性[①]

(一)国际增值税具体制度设计

1.法国

法国的增值税法规定,增值税为价外税,税基等于商品交易的实际价格,即以购买方支付商品的总金额为税基进行征收,卖方以任何方式提供的额外降价(打折优惠、回扣、补偿、佣金等)都可以从税基中予以扣除。税基包括商品和服务所应缴纳的其他税收,但不包括增值税额和其他附加代垫的费用(如运输费、保险费、包装费等)。

法国增值税起征点规定为:从事提供商品或餐饮服务的纳税人前一年度营业收入不超过 81500 欧元;提供其他服务的纳税人营业收入不超过 32600 欧元;作家、艺术家、演员、律师等自由职业者收入不超过 42300 欧元。低于起征点的纳税人免征增值税。上述免征增值税的纳税人可以选择自愿缴纳增值税。

法国增值税实行多档税率。标准税率为 19.6%;5.5%的低税率适用于大部分食品、农产品、动物饲料、社会保险不负担的医疗产品、书籍、为执行廉租住房政策而发生的不动产交易、对持有超过两年的主要住所进行的维修装修、餐厅提供的堂食服务(酒精饮品除外)等;2.1%的特别低税率适用于出版业和医疗保险负担的药品;出口商品和劳务适用零税率。

法国中央政府设立了鼓励投资的税收优惠政策,无论企业设在法国哪个地区,只要符合政策规定均可享受优惠。除此之外,法国政府还设立了其

① 参见中国人民大学财税研究所:《中国增值税改革影响与展望》,中国人民大学出版社 2016 年版;王乔、伍红:《后营改增时代完善我国增值税制度的思考》,《国际税收》2017 年第 4 期。

他税收鼓励政策，包括家庭税收抵免、影视和多媒体税收抵免、电视游戏行业税收抵免、高成长型中小企业税收减免、鼓励可持续发展和保护环境的税收优惠、对新创办企业的税收减免和鼓励创新型企业的税收优惠等，此外还有其他配套优惠政策。地方政府另外还实施一系列相应措施，主要包括对在“优先发展地区”的投资活动提供税收优惠政策待遇等。

法国增值税税收制度以方便企业投资为宗旨，法国与100多个国家签订税收协定，避免投资者重复缴纳税金，并且法国实行差别化的税收优惠，提高税收制度的有效性。增值税在法国的率先使用取得了良好效果，表现出诸多优点：(1)税基宽广，税率简化，易征易管；(2)税负相对公平，征收成本相对较低；(3)能使交易双方互相钩稽制约，减少了偷漏税现象；(4)增加了财政收入，促进了商品生产与流通；(5)增强了商品的国际竞争力。

2.德国

德国于1968年正式推行增值税。德国实行全面型增值税，纳税人为从事商品销售和提供劳务的企业以及从事进口活动的任何单位和个人。实行三档税率：标准税率，适用于一般交易和商品的进口；减低税率，适用于家养动物、鱼、肉、奶、茶、水果、植物、谷物、自来水、文化用品等46种特种物品；零税率，适用于商品出口。

3.英国

英国于1973年将购买税和特别就业税调整合并为增值税，实行消费型增值税；纳税人为从事商品销售和提供劳务的企业以及从事进口活动的单位和个人；实行三档税率：标准税率17.5%、低税率5%和零税率。免税分为不可抵扣的免税(只免销项税金)和可以抵扣的免税(零税率)两种。零税率主要适用于食物、水、书籍等商品和劳务的销售和出口。

同时，英国实施诸多增值税刺激政策。研发支出可加倍抵扣应税收入；“专利盒”税收制度对企业专利所获利润按10%的税率征收；在24个企业区设立了税收鼓励政策；节能资源的支出在并购当年可享100%的税额扣减；年度投资补贴计划(AIA)也提供了税收优惠政策。英国政府致力于保持低税率制度，以增强对投资者的吸引力。

4.韩国

韩国于1977年开始实施消费型增值税，凡销售货物、提供劳务、进口货物都要缴纳增值税(包括农业生产者)。纳税方式有两种：一是一般纳税(类似于我国一般纳税人)；二是简化纳税和特别纳税，对个体经营商按流转额征收(类似于我国的小规模纳税人)，都实行10%的单一税率。增值税免税范围较宽，主要针对税源零散且流动性强的项目，如医生、律师等的私人劳务，以简化征管。征管方式较先进，对一般纳税人的管理主要依赖计算机。纳税人在纳税期满25日内，将纳税申报书报送所住地税务署，并附送全部销售和购进的税金计算书。税务署把资料整理后送地方国税厅计算中心，计算中心将申报书及税金计算书全部输入计算机(每份税额在30万韩元以下的汇总输入，30万韩元以上的逐份输入)。每个纳税期都选定几个行业对所有纳税人进行交叉审计，因为韩国规定纳税人在提供物品和劳务时，必须填写一式四联的税金计算书。第一联由供货方保存，第二联由供货方交当地税务机关，第三联由购货方保存，第四联由购货方交当地税务机关。供货方税务机关与购货方税务机关将税金计算书输入计算机，并实行联网核对，以检查有发票证明的销售与购买之间是否存在数额不一致的情况。

5. 意大利

意大利为企业投资提供了广泛的增值税税收优惠政策。为缓解能源对外依存度，促进可再生能源发展，给予上网电价、电价补贴等财政鼓励措施；对按欧盟标准划定的特定地区和行业的投资给予补助；对生产活动、研发活动提供一定的税收鼓励政策；给予整体综合投资项目增值税税收优惠；给予中小企业增值税税收优惠政策等。

6. 荷兰

荷兰政府为了鼓励创新创业、发展节能环保产业等，出台了多项增值税鼓励措施，符合条件的外资企业也可享受。对创新创业企业的鼓励政策有：税收支持，包括研发税收抵免、增值税减免和小规模投资补助等；中小企业信贷支持，如信用贷款、风险投资担保和企业贷款担保等；企业行动计划，在融资、研发创新、税收及对外拓展方面给予初创企业和中小企业全方位支持。此外还有鼓励企业出口及对外投资、节能环保方面的税收减免及补贴、研发和创新方面的税收优惠等。

7. 欧盟

2016年6月，欧盟议会通过的“增值税行动计划”提出的下一步改革内容主要包括以下几方面：一是消除单一市场电子商务发展的增值税障碍，二是制定有利于中小企业发展的增值税一揽子措施，三是采取应对增值税流失的紧急措施，四是采取应对增值税流失的中期措施，构建健全的欧洲单一增值税，五是使税率政策现代化。

(二)国际增值税制度的共性特点

1.多数国家实行消费型增值税

目前世界上140多个实行增值税的国家中绝大多数实行的是消费型增值税。1968年法国实行了具有现代意义的消费型增值税,1977年欧共体提出各国实行共同的增值税税制,目前大多数国家都已实行消费型增值税。另外,除洪都拉斯等个别国家外,其他大多数美洲国家都实行消费型增值税。

2.增值税在税制中占重要地位

2004年,法国增值税收入占税收收入的16.7%,占国内生产总值的7.3%;目前,德国的增值税是仅次于个人所得税的第二大主体税种;英国增值税税收收入通常占全部间接税收入的50%～60%;增值税在东盟十国中均占重要地位。

3.大都实行全面的增值税

增值税征税范围相当广泛,从工业制造、商品销售到农产品生产、销售,从提供劳务的建筑业、加工修理到提供服务的运输业、饮食旅店业、金融业等,再到进口货物,都属于增值税征税范围。

4.税率设计相对简便且税率较低

税率档次设计较少,大多实行单一税率,计算简便,都有零税率或低税率。如韩国对两类纳税方式都实行单一税率,均为10%。

5.征管方式先进

各个国家在征收管理方面都注重计算机与网络的应用,建立了计算机网络系统,统一交易凭证和税金计算书。同时建立起完善的税务登记等管理制度,从技术上、制度上保证了增值税征收的效率。

三、国际增值税税制借鉴

(一)优化增值税税率

税率是增值税制度的核心要素,优化税率是各国制定和改革增值税制度的重中之重。欧盟在改革建议中特别提到了要保持税率制度的一致性和简化。目前,欧盟28个成员国中有26个成员国都实行不超过三档的增值税税率。随着“营改增”的不断深入,中国也应择机简并增值税税率档次,使增值税更具中性。

(二)完善增值税的征税范围

制定并完善适应数字经济时代的增值税制度,中国增值税制度暴露出与数字经济不能适应的问题,存在制度和政策上的空白。应抓紧出台与数字经济相配合的增值税制度和政策,对跨境服务贸易采用消费地原则征收增值税,不断扩大适用零税率的出口服务的范围,建立和完善对进口服务征收增值税的制度和机制。另外,需要进一步规范增值税减免税优惠范围,实施进口产品全面征税、出口产品彻底退税。

(三)扩大税收优惠范围,提高税收优惠力度

首先,降低制造业增值税税率是做强制造业的战略导向,通过减税显著降低实体经济成本,促进实体经济转型升级,激发市场活力和社会创造力。其次,提升小微企业纳税标准,促进小微企业发展,支持万众创业。扩大小微企业减税范围,让更多小微企业享受减税的福利,促进产业创新,提高经济活力。

互联网的发展推动了我国数字经济、电子商务及物流业的发展。在实施大数据发展行动中,中国消费者的行为习惯发生了深刻变化,目前网上零售额年均增长已达30%以上。并且,中国地域宽广,流通是促进地域发展、减少区域差距的重要途径,因此支持物流企业的发展、扩大物流企业仓储用地税收优惠范围,也是十分必要的。

(四)加强增值税税收征管

进一步加快"金税工程"建设,推进征管方式现代化。继续重视和加强国、地税间和各省之间计算机的联网和交叉稽核,加强财税库银联网工作,创建税务、银行、工商、海关、财政、统计等多部门的信息互联网络,实现纳税人数据动态共享,早日实现税务信息化管理,提高征管工作的质量和效率。

(五)加强增值税征管的国际合作

通过加强与其他国家增值税方面的信息交换、征管合作,应对基于互联网的服务贸易中的增值税欺诈问题。此外,对于走进来的外资企业,我国可以实施境外投资者境内利润再投资递延纳税,退还先进制造业和现代服务业的进项税额,鼓励新技术、新业态、新模式,推动传统产业优化升级。发展壮大新动能,做大做强高科技产业。

第四章　创新战略下我国增值税改革研究

引　言

增值税是我国的第一大税种，2017 年中国增值税税收占全年总税收的 40.3%。构建现代化增值税体系有助于提高我国的竞争力，激发市场活力，促进企业的转型升级。在“营改增”之后，虽然很多企业的税负有所下降，但是在税负、税率、征管模式以及制度落地环境等方面仍然存在一些问题。

税率优化方面，徐志、林向艳、李若萌(2016)认为多档税率存在诸多缺陷，不仅破坏了增值税的中性特征，导致了抵扣链条不完整、征管成本较高，同时也与国际通行做法不符，所以优化增值税税率是必要的。蒋金燕、张芳芳(2017)认为“营改增”全面施行后，简并税率无疑是我国税制改革的焦点。

增值税税负方面，在“营改增”之后，大部分企业的税负有所减轻，但也存在部分企业税负的增加。调查显示，有近 60%的百强企业税负有不同程度的下降，傅志华(2018)认为通过“营改增”降低了实体企业特别是制造业的税负，有利于推动企业科技创新，优化运营模式，助力“中国制造”向“中国创造”转型。柳雪梅、魏俊(2017)认为发票管理制度以及资质认定等规定会造成小规模纳税人实际税负可能比一般纳税人偏重。王乔、伍红(2017)认为应逐步统一纳税人身份的判断标准，均衡不同行业纳税人的税负水平，实现税负的公平。

征管模式方面，税务的信息化建设是提高税收征管水平的重要途径，王乔、伍红(2017)建议优化增值税政策设计，提升治理能力现代化。多管齐下，充分利用现代技术，打通线上线下，奖惩结合，实行现代增值税体系下的征管模式，提升增值税制度的执行能力。

落地环境方面，良好的法治环境和纳税意识决定了增值税的有效实施，增值税无论是在税务登记、发票领购、税款缴纳上，还是在计算方法、会计核算制度和征收管理流程上，都面临着截然不同的制度设计，这对纳税人的管理水平和业务能力的要求很高。然而，现阶段由于纳税人的素质参差不齐，增值税存在“含金税票”的诱惑，增值税虚开现象仍然存在。刘香伶(2017)认为政府应将与增值税相关的各类政策，统一尺度和口径并统一立法、解释，以法律的威严来保障新增值税法的有效施行。同时，税务部门工作人员也要提升业务素质，积极宣传增值税政策。

一、我国现行增值税制度设计

(一)增值税的概念

增值税是以商品和劳务在流转过程中产生的增值额作为征税对象而增收的一种流转税。按照我国增值税法的规定，增值税是对在我国境内销售货物，提供加工修理修配劳务，销售服务、无形资产及不动产，以及进口货物的企业、单位和个人，就其销售货物、提供应税劳务、发生应税行为的增值额和货物进口金额为计税依据而课征的一种流转税。

增值税具有税收中性、普遍征收、税收负担最终消费者承担、实行税款抵扣制度、实行比例税率、实行价外税制度等特点，还设有零税率，可以使产品无税出口，提升国际市场竞争力。

(二)增值税类型

根据计算增值税时增值额计算方法的不同，可以将增值税分为生产型增值税、收入型增值税和消费型增值税。我国现行的消费型增值税是指纳税人在计算增值税额时，允许从商品和劳务销售额中扣除当期购进的固定资产总额的一种增值税。相较于收入型增值税和生产型增值税，消费型增值税能够有效缓解重复征税问题，降低税负，同时促进消费，带动经济发展，这也是适应当今世界经济发展趋势的一种增值税类型。

(三)征收范围与税率

我国在 1979 年开始实施增值税。现在增值税已成为我国的第一大税种。其间经历了 1994 年的分税制改革，2009 年从生产型增值税逐渐过渡为消费型增值税。党的十八大之后，按照党中央、国务院统一部署，扎实推进“营改增”的试点工作。继 2012 年上海启动对交通运输业和部分现代服务业的“营改增”试点后，北京等 11 个省市也陆续试点，2014 年试点增加了铁路运输和邮政服务业。2016 年，建筑业、房地产业、金融业和生活服务业纳入了试点，至此，“营改增”试点全面推开。营改增不仅降低了纳税人的税收负担，鼓励了“大众创业，万众创新”，而且促进了专业化细分和产业转型升级，打通了整个产业链中进项抵扣链条，提升税收中性，助推统一市场建设和供给侧结构性改革，对稳增长、增活力和推动服务业发展以及区域经济转型起到了重要促进作用。

在增值税税率方面，2018 年 5 月 1 日实施新规定：纳税人发生增值税销售行为或者进口货物，原适用 17% 和 11% 税率的，税率分别调整为 16%、10%。此外，增值税小规模纳税人标准统一为年应征增值税销售额 500 万元以下。财政部税收政司司长王建凡表示，这次将工业企业和商业企业标准提高到 500 万元，统一了小规模纳税人标准，税制更加简洁、公平。更多小微企业可选择登记为小规模纳税人，享受按 3% 征收率计税优惠，也可自愿登记成为一般纳税人，享受抵扣进项税额的红利。财政部部长助理许宏才表明，此次改革是在营改增基础上对增值税制度的进一步完善，为建立现代化增值税制度，继续推进改革打下了基础。[①]

二、我国增值税制度存在的问题

（一）税率档次过多

在 2018 年 3 月 28 日国务院总理李克强主持召开的国务院常务委员会上决定自 2018 年 5 月 1 日起纳税人发生增值税应税销售行为或者进口货物，原适用 17% 和 11% 税率的，税率分别调整为 16%、10% 后，我国目前的法定基本税率为 16%，另有 13%、10%、6% 等几个税率档次，呈现出多档税率并存的格局。太过复杂的税率在一定程度上与税收中性的特点相背离，使纳税人存在超额负担。同时会加大税法对于经济活动的干扰，不利于市场公平竞争，也会对我们的税收管理提出更高的要求。蒋金燕（2017）认为在增值税税率改革的进程中，要明确增值税税率简并的最终目标是形成怎样的税率格局，是选择依据行业差别而形成的差别税率，抑或是无行业差别的统一税率，是我们需要回答的问题。

① 参见许婷：《深化增值税改革 着力激发市场活力》，《金融时报》2018 年 4 月 2 日。

(二)税负不平衡

增值税税负的高低是增值税改革能否实施的关键,更是衡量改革是否成功的标准。税负的失衡主要体现在两个方面:其一是行业间增值税税负不同。实验表明,建筑业与房地产业的税负在营改增初期会增加,随着营改增的稳定实行,金融业、生活服务业、建筑业的税负将会得到有效降低,而房地产业的税负相比其他行业来说却没有显著降低。增值税中工业税负较高,服务业的税负普遍较低(见表 4-1)。这种税负不平衡的现象再加上多档的税率扭曲了产业结构。其二是增值税两类纳税人的税负不同。增值税的纳税人分为一般纳税人和小规模纳税人,由于两者在增值税的计算方法上存在差异,使得各自承担的税负不同。一般情况下,销售毛利率高的商业企业选择做小规模纳税人比选择做一般纳税人的税负低(见表 4-2)。

表 4-1　2016 年 5～12 月营改增行业税负率　单位:%

行业	5～6 月	5～9 月	5～12 月
交通运输业	2.45	1.92	1.85
邮政服务业	1.86	1.21	1.16
电信服务业	2.31	1.95	1.40
部分现代服务业	2.57	2.39	2.36
建筑业	2.27	2.21	2.28
房地产业	4.88	4.86	4.83
金融业	1.11	0.78	0.76
生活服务业	2.42	2.08	2.05
合计	1.83	1.47	1.50

资料来源:胡怡建、田志伟:《上海营改增 5 年试点成效分析报告》,《中国税务报》2017 年 3 月 6 日。

表 4-2　2018 年增值税部分行业税负率　单位:%

行业	税负率
农副食品加工	3.50
食品饮料	4.50
非金属矿物制品业	5.50

续表

行业	税负率
机械交通运输设备	3.70
电力、热力的生产和供应业	4.95
医药制造业	8.50
电子通信设备	2.65

注:税负率=当期应纳增值税/当期应税销售收入

资料来源:华乾会计师事务所:《用了这套自查公司增值税税负率方法后,税务局再也没有找上门》,2018 年 8 月 16 日,http://www.sohu.com/a/248006258_99922785。

(三)发票管理混乱

我国的纳税人分为一般纳税人和小规模纳税人,由于在实际执行过程中一般纳税人向小规模纳税人购买货物、服务等,是无法抵扣进项税额的,因此很多一般纳税人不愿意和小规模纳税人发生此类经济活动。此现象有违增值税的中性原则,在一定程度上破坏了市场经济的运行。

营改增之后,建筑业、房地产业、金融业和生活服务业都纳入了征税范围,增值税的纳税人和税收收入规模明显增加。这也给增值税的管理增加了不少难度,企业财务人员对发票的管理和法规都缺少意识,在填写发票方面很多纳税人都不够规范,更甚者还出现虚开、代开发票的情况,导致企业真实情况未能如实反映。

以金融业为例,很多金融行业的企业都采用多级总分机构的经验模式,虽然各分支结构之间的业务往来十分频繁,但是往往都不会独立核算。为了减少上交增值税的麻烦,根据国家税务总局的规定,各分支机构可以就地预缴增值税。对于金融企业来说,想要及时准确地统计下级分支机构增值税的销项和进项,从而规范地控制各分支机构,在规定时间内申报纳税并非易事。

此外,在"互联网+"快速发展的时代,新兴产业、新营销模式不断出现,而税收的管理模式却未能跟上时代步伐,很难满足新产业的发展需要。在增值税纳税户的税源管理、应税收入的确认、税款抵扣方面,传统的增值税管理制度需要通过优化改进以适应新产业的需求。例如,P2P 模式下税收征管主要面临以下几个问题:应纳税所得额的范围不明确,税务主管部门尚未建立 P2P 网络借贷平台的信息互通机制,税收征管的监督机制尚不完善等。

(四)制度设计碎片化

在“营改增”之后,为了保障政策的实行,同时为了保证税负只减不增,在民生、创新、公共服务等领域基本上保留了营业税原有的优惠政策。同时,针对特定行业,临时增加了减免措施,包括服务业 38 项、生活服务业 15 项、金融服务业 7 项、现代服务业 6 项、销售无形资产 6 项、交通运输服务 2 项、销售不动产 3 项。改革中采用了很多过渡性政策,这些政策未能明确规划,呈现碎片化的状态,破坏了增值税制度的完整性,更是给增值税的纳税、管理等都带来了麻烦。此外,我国的税率调整也过于频繁,不能保证增值税政策的稳定性和预见性。

三、我国增值税制度问题存在的原因

(一)制度变化频繁

近年来有关增值税的税制改革不断推进,频繁出台的改革措施给税收征管带来了一定的难度,同时,也给纳税人带来了诸多不便,这需要纳税人时刻关注增值税政策的变化,尤其是在政策过渡阶段,对现阶段政策的选择和后续的稳定政策及具体操作细节都要尤为注意。如此,频繁的制度变化破坏了增值税制度的统一性。

(二)过渡性政策过多

考虑到当前产业发展的需求,减少增值税改革的阻力,对特殊的产业实施增值税优惠税率,从而形成税率档次过多的情形,增加了我国增值税结构复杂度的同时也导致各行业之间的税负产生差异,破坏了增值税的中性原则。

税收中性是增值税的一大特点,税收中性的程度是由多方面反映和决定的。如增值税税收优惠程度和方向、增值税税率结构的合理程度,抵扣链条的完整性,等等。然而随着大量的税收优惠、免税政策和过渡性政策的施行,重复征税的问题不但没有缓解甚至有加重的趋势,增值税的抵扣链条遭到破坏,税收中性这一特点也逐渐弱化。构建现代增值税制度应逐步取消改革过程中的过渡型政策,统一规划税收优惠目录,强化税收中性。

(三)增值税税负过重

增值税长期以来“一税独大”,这给企业带来了沉重的税收负担。我国经济过去总体上处于商品供不应求的局面,企业的纯收入水平较高带动了增值税较快的增长。如今供不应求已经转变为相对过剩,企业的平均利润也随之下降,这样一来税收增长的主要负担将会由企业承担。

和美国对比发现,美国不征收增值税,只征收销售税,而我国企业除了需要缴纳所得税以外,还要缴纳更高的增值税;并且因为增值税是一种流转税,产业链上下游的各个企业都须缴纳。所以,从总税负来看,17%的增值税税负约是美国销售税的3倍;即使现在已经改为16%,我国的税负依旧远高于美国。增值税和所得税并存其实是一种重复征税,会降低中国企业的资源投资效率,影响中国经济的转型升级。

(四)缺乏良好的治税环境

从各国增值税改革的经验来看,增值税的管理以及改革的成功都需要一个良好的治税环境,其中包括立法程度、执法责任、纳税意识、管理水平等。就社会内部环境来说,目前执法人员缺乏较强的责任意识,难以做到严格依法、执法,主要表现为少数税务执法人员在增值税管理中存在有章不循甚至徇私枉法的现象。就社会外部环境来说,纳税人的自主纳税观念不强,具体表现在纳税人偷税、漏税,有较强的偷漏增值税的动机。缺乏良好的治税环境增加了增值税管理的难度,提高了税收成本的同时,还破坏了国家税法的统一,扰乱正常的税收秩序。

四、创新战略下我国增值税改革建议

(一)简化增值税税率

多档税率对于某些领域来说可以降低其税负,体现税收制度的灵活性,但是这种复杂的税率也会带来一系列问题,诸如管理困难、效率损失、有违税收中性等。单一税率是增值税最理想的税率安排,而在实际操作中这样的安排难以实现。尽管如此,简化税率依然是我们必须要考虑的。中国财政科学研究院副院长白景明也表明,简并增值税税率,能降低税收复杂性,平衡行业间的税负差异,有助于缓解目前不同行业间存在的高征低扣、低征高扣的现象。营改增之后,在我国增值税原来的零税率、13%的低税率和基本税率17%的基础上，又增加了11%、6%两档税率。现如今又将11%、17%的税率分别调整为10%、16%。就小规模纳税人标准来说，原来在我国现行的增值税政策体系中有三个标准：工业企业的标准为50万元，商业企业的标准为80万元，服务企业的标准为500万元。现将工业企业和商业企业标准统一为500万元。多重税率和纳税标准提高了税务机关的征收核对成本以及纳税人的遵从成本，也给企业会计核算增加了难度。

根据上述分析，对于简化税率的建议如下：第一，为了促进产品的进出口，提升国际竞争力，可以保留零税率。第二，可以继续研究简化合并10%、16%两个税率，目前适用16%税率的主要为制造业和商业，可以一律下调为13%的税率，有效地减少税负，促进行业的发展和创新。随着服务业例如客运服务、电信服务的普及，可以将10%税率上调为13%的税率，同时可以允许一些进项税的抵扣，从而达到减负的效果。第三，保留6%的税率，为适应货运发展，可将货运服务划入该税率档。

（二）完善增值税抵扣机制

按照我国现行的增值税抵扣方式，不能抵扣企业不能物化的前期研发投入、人员工资等，企业在前期没有足够的资金研发新技术、新产品，影响了高科技企业的培育和发展。中国政府也意识到了这一点，对于一些特殊领域如软件、芯片及生物制药产业给予特殊的增值税税收优惠。但是对于这些特殊的行业，采取过多的特殊优惠政策会破坏增值税的完整性，尽快完善增值税的抵扣机制才是长久之计。建议扩大并明确增值税抵扣范围，尽可能将各个行业都纳入增值税的抵扣链条，实现增值税抵扣链条的全覆盖。

（三）完善增值税管理制度

“营改增”之后，要注重增值税管理思路和手段的双管齐下，让增值税的管理思路得以转变，增值税的管理手段得以优化。可以从增值税的一般纳税人和小规模纳税人的登记管理、发票的管理、税收政策的管理等方面，完善增值税管理制度。

第一，尽量统一纳税人身份。增值税的纳税人分为一般纳税人和小规模纳税人，这对于征管来说是比较麻烦的。我们应该改革小规模纳税人的征管制度，弱化小规模纳税人与一般纳税人的差别，甚至可以考虑取消一般纳税人和小规模纳税人的划分，真正做到让纳税人享有平等的待遇，统一税负的同时还能促进市场竞争的公平性。

第二，明确税收优惠的范围，提高税收优惠政策制定与实施的透明度。过多的针对性税收优惠政策很容易产生重复征税，虽然某些领域的税负得到了缓解，但是纳税人纳税混乱，税收管理也很难统一。

第三，尝试逐渐采用增值税统一发票。为了减轻不同的增值税发票带来的抵扣和使用的麻烦，可以尝试逐渐向统一发票靠拢，缩小不同业务增值税发票上的差异，促进一般纳税人和小规模纳税人之间的经济往来。

（四）优化增值税制度落地环境

良好落地环境对增值税的有效实施有着重要影响。在快速发展的大数据时代，应提升税收治理现代化水平，营造更好的纳税环境，利用网络的发展普及，及时宣传税收政策，开设相关的咨询网站，帮助纳税人学习相关法律法规。通过微信、微博等社交平台增加与纳税人的互动，及时反馈信息并加以改善。严厉打击虚开增值税发票行为，建立更加完善的纳税信用体系，规范操作流程，加强中央与地方协调，鼓励依法纳税，提高纳税人的纳税意识，做到诚信纳税。方便纳税人缴纳税款，提高增值税制度的统一性和规范性，发挥增值税制度的优越性。

第五章　创新战略下国际消费税改革趋势与借鉴

引　言

要使国民经济持续、快速、健康发展，就必须实现经济增长方式的根本转变，即由粗放型增长方式向集约型增长方式转变。粗放型经济增长方式依靠增加生产要素量的投入来扩大生产规模实现经济增长。以这种方式实现经济增长，消耗较高，成本较高，产品质量难以提高，经济效益较低。集约型经济增长方式其基本特征是依靠提高生产要素的质量和利用效率来实现经济增长。以这种方式实现经济增长，消耗较低，成本较低，产品质量不断提高，经济效益较高。

消费税作为我国的主要税种，其对调节消费、治理污染、实现经济增长方式转变具有重要作用。消费税通过对特定的消费品和消费行为课征消费税进而引导消费行为，实现经济增长方式的转变。消费税主要通过对矿物能源产品、机动交通工具和污染产品征收消费税从而调节产品负外部性。

矿物能源产品课税方面，高阳(2015)通过研究美国两级政府对能源产品课征消费税的情况，指出课征消费税能够在一定程度上促进资源的合理利用，减少资源浪费。龚辉文(2013)研究了西方发达国家的燃油税率，指出消费税税率调整的环保因素日益明显，即高污染高税率，低污染低税率，甚至免税。欧盟的燃油消费税税率的逐步调增机制，有助于事先形成节能导向。万莹、徐崇波(2016)通过对比我国和OECD各国的成品油的税率和税负水平，指出区别不同成品油产品的用途和参数，灵活设置多档税率，能够在不增加低收入群体税负的前提下，实现消费税促进节能减排的作用。

机动交通工具课税方面，李香菊、祝丹枫(2017)研究了日本、德国等发达国家的汽车消费税课征情况，发现运用差别税率，建立一个多层次的、立体的管理机制对促进节能减排、改善环境有重要作用。Hugh Hennessy 和 Richard S. J. (2011)通过审查爱尔兰的税制改革(购买车辆登记和所有权机动税从发动机大小转向潜在排放)对私人汽车运输及其温室气体排放的影响，发现税收负担已从汽车所有权转向汽车使用。汽车发动机也从使用汽油逐渐转到柴油，由于柴油发动机比汽油发动机更节能，二氧化碳排放量会轻微下降。

污染产品课税方面，英国福利经济学家 Pigou(1920)提出应根据污染所造成的危害程度对排污者征税，用税收来弥补排污者生产的私人成本和社会成本之间的差距，即庇古税。塞伯仁·科诺森提到 OECD 国家在税制改革中清除了对环境有害的补贴，指出此类税收豁免、偿还机制等严重损害了征税的经济效应和环境效应。

国外发达国家对消费税的研究实践长，系统性强。本书在此基础上集中对欧美等发达国家对矿物能源产品、机动交通工具、污染产品的消费税课税标准、征收环节和税收收入的归属等方面进行分析，总结发达国家消费税改革的成功经验，为我国的消费税改革提供借鉴。

一、国际消费税税制总结

(一)美　国

美国的消费税一般指大多数州对各种商品征收的零售税，包括：(1)一般销售税，即对所有商品在销售环节按同一税率征税，而服务几乎不征税。(2)选择性销售税，即对不同商品在销售环节按不同的税率课证。消费税通常从价(即价格的百分比)征收。应缴美国消费税的商品和服务包括汽车燃料、酒精饮料、烟草制品、枪械、航空和船舶运输、某些环境危害产品(例如对消耗臭氧化学品征税，以及对原油及某些石油产品征税，以资助溢油责任信托基金)、煤炭、某些电话通信(例如市内业务)、部分博彩、室内日光浴服务，以及缺乏燃料效率的车辆。除此之外，还对医疗保险公司和某些品牌处方药的制造商和进口商征收年费。美国某些联邦消费税收入将投入信托基金(例如高速公路信托基金)用于指定的开支计划，来自其他消费税的收入(例如酒精饮料)进入一般基金用于一般用途支出。

美国作为一个联邦制的国家，实行多级政府分税政策。联邦政府、州、地方政府各自征收消费税，但征税范围不同，联邦政府征收全国范围的消费税，州、地方政府征收本辖区内的消费税。三级政府各自征收的消费税在征税对象上有一定程度的重复。联邦政府不征一般销售税，只对机动车燃油、酒精饮料、烟草等特定货物和服务征税，但这些税收占联邦收入比例不到10%。在州政府的税收收入中，销售税占有特别重要的地位，45个州和哥伦比亚特区开征了一般销售税，税率在2.9%～7.25%不等。大约一半州内的市和县级政府还征收自己的一般销售税。

美国当前的消费税制度属于价外税，税额独立于商品价格另行计算，消费时注明货款和税款，便于消费者明确税负。美国消费税的计税方式以从量定额为主，从量比例为辅。此外，美国消费税各类应税项目的纳税环节主要集中在零售环节，生产环节很少。

(二)日　本

日本消费税于1989年开始实施，征收税率为3%。为应对金融危机，解决政府连年的财政赤字和巨额国债的问题，日本政府在1997年将消费税率由3%提高到5%。安倍政府宣布，从2014年4月1日起，日本的消费税由5%增至8%，但是由于调税效果不佳，拖累日本经济陷入技术性衰退的困局，通胀率和物价居高不下，财政赤字问题也未得到解决。

日本的消费税是针对商品或服务的增值额而征收的消费型附加价值税，实质上相当于我国的增值税，具有普遍征收、逆累进性、对居民消费力进行再分配等特点。当前日本消费税税率为8%，相较中国及其他OECD国家处于较低水平。作为灵活的财政政策手段，日本消费税改革与安倍经济学的"三支箭"相辅相成，意在保障由于社会人口老龄化及少子化问题而不断增长的社保支出，增加财政收入，遏制通货紧缩，摆脱经济低迷。

(三)俄罗斯

俄罗斯将消费税定义为包含在价格中的商品或劳务的间接税或附加税。实行消费税的目的是调节生产高盈利产品所得的超额利润。同时，为了保护民族企业，对进口商品也规定征收消费税。《俄罗斯联邦税收法典》(第一部分)把消费税列为联邦税的重要税种之一，消费税的税收收入纳入联邦预算。

俄罗斯1997年1月10日颁布了第12号《关于特例和补充〈联邦消费税法〉的联邦法》。该法对应税商品的消费税税率作了如下规定：包括生产费用(产品成本)、利润和消费税额在内的出厂价格是确定消费税税率的基础；税率的确定应保证征收消费税后剩余的利润能够保证企业一定的盈利。正是考虑到这一点，消费税税率划分的范围很大，为10%～90%。该税率应随着有关商品价格的变化，或随着在商品生产中使用的原材料和半成品等价格的变化而重新修订。对某些进口商品，实行有别于俄罗斯一般消费税税率的特殊税率，课税对象是以实物形式表现的进口额。2001年8月7日颁布的《税法典》第二部分又调整了需加征消费税的商品清单及税率，并于2002年1月1日起实施。这些法规是俄罗斯实行消费税的法律基础和依据。2008年1月1日，提高酒类和含酒精产品、雪茄烟和香烟及发动机功率超过67.5千瓦(90马力)的轻型汽车的消费税。其中，发动功率在67.5千瓦(90马力)至112.5千瓦(150马力)的轻型汽车消费税提高至每0.75千瓦(1马力)19卢布26戈比。据《俄罗斯新闻报》报道，俄罗斯联邦财政部2009年7月28日在原计划提高烟草产品的消费税率的基础上再次上调该税率，烟草消费从价税率维持不变，提高烟草消费固定税率，涨幅达20%。俄罗斯通过上调烟草和酒类产品的消费税，增加财政收入，调节经济结构。

俄罗斯消费税有自己的特点：其一，消费税的课税对象仅仅是商品的销售额，而且课征消费税的商品清单只限于某些品名。其二，消费税只限于生产领域，但输入俄罗斯境内的商品除外，因为在这种情况下，消费税的纳税人是采购应课消费税商品的法人或自然人。

(四)德 国

联邦德国消费税指德意志联邦共和国各级政府对特定消费品和消费行为征收的一种税。其特点是：(1)在普遍征收增值税的基础上选择特定消费品和消费行为课税；(2)在征税对象和税负确定上具有较大的灵活性；(3)对选定征税的消费品和消费行为分设具体税种征收。主要税种有石油税、烟税、盐税、糖税、咖啡税、茶叶税、烧酒税、香槟酒税、白炽灯日光灯税、啤酒税、赌具税、赌马税、彩票税、体育彩票税、打猎税、狗税等。这些消费税大部分由联邦政府征收管理，小部分由州政府征收管理，个别由区政府征收管理，税收收入按管理权限分别归属于各级政府。

二、国际增值税制度分析

相比其他税种，各国消费税的征收范围往往存在较大差异，这与消费税的功能定位有关，也与每个国家的宗教文化、社会传统、消费习惯等有关。但归纳各国消费税的应税品目，大体可以分为3大功能、7大征收范围。第一,"寓禁于征":烟草产品、酒类产品;第二,"消除产品污染负外部性":矿物能源产品、机动交通工具、污染产品;第三,"引导消费,调节财富差距":奢侈品、特定服务。基于调节经济结构,转变经济增长方式的视角,本书主要分析各国对"消除产品污染负外部性"的矿物能源产品、机动交通工具、污染产品课征消费税的政策。

(一)矿物能源产品

从世界各国的消费税税制来看,化石燃料是各国消费税的主要税目,这是因为矿物能源一方面属于不可再生资源,另一方面往往又是污染性产品,而当今世界各国都比较重视环境保护和节约能源,所以对化石燃料征税是消费税的重要组成部分(见表 5-1)。目前世界上已有 130 多个国家开征燃油税,各国燃油税的具体征收方式和使用方式均不同,存在很大的差异。

表 5-1　　OECD 成员国化石燃料的消费税税率

国家	无铅汽油(每升)	非商用汽车柴油(每升)	液化天然气(每升)	商用轻质油(每千升)	家用轻质油(每千升)
澳大利亚	0.244	0.244	0.160	—	—
奥地利	0.618	0.514	0.154	128.5	128.50
比利时	0.709	0.497	0.000	21.35	21.35
加拿大	0.275	0.201	—	30.23	47.18
智利	0.583	0.142	—	—	—60.30
捷克	0.922	0.787	0.155	47.41	47.41
丹麦	0.544	0.373	0.243	54.90	322.74
爱沙尼亚	0.795	0.739	0.132	208.55	208.55
芬兰	0.664	0.386	0.000	169.64	169.64
法国	0.707	0.506	0.609	65.28	65.28
德国	0.821	0.589	0.115	76.87	76.87
希腊	0.947	0.582	0.143	582.29	84.80
匈牙利	0.949	0.874	0.186	2.97	2.97
冰岛	0.453	0.399	—	—	—
爱尔兰	0.653	0.542	0.106	56.57	105.89

续表

国家	无铅汽油（每升）	非商用汽车柴油（每升）	液化天然气（每升）	商用轻质油（每千升）	家用轻质油（每千升）
以色列	0.758	0.752	—	—	753.52
意大利	0.803	0.636	0.164	505.02	505.02
日本	0.522	0.319	0.092	19.09	19.09
韩国	0.907	0.630	0.269	125.79	125.79
卢森堡	0.495	0.343	0.058	22.51	10.72
墨西哥	0.000	0.000	0.000	0.000	0.000
荷兰	0.870	0.517	0.105	311.09	311.09
新西兰	0.388	0.003	—	0.000	—
挪威	0.572	0.438	—	163.47	163.47
波兰	0.885	0.687	0.245	123.75	123.75
葡萄牙	0.923	0.576	0.085	462.85	462.85
斯洛伐克	0.991	0.708	0.177	0.000	743.72
斯洛文尼亚	0.770	0.678	0.198	338.91	187.16
西班牙	0.628	0.493	0.045	121.56	121.56
瑞典	0.586	0.484	0.129	128.34	427.87
瑞士	0.491	0.517	0.144	66.56	66.56
土耳其	1.433	0.898	0.539	730.27	730.27
英国	0.880	0.880	0.024	169.00	169.00
美国	0.106	0.125	—	0.000	0.000

资料来源：OECD，Consumption Trends 2012；货币单位为美元。

从表 5-1 中可以看出，列入消费税应税税目的化石燃料种类繁多，包括无铅汽油、柴油、液化天然气、轻质油等，此外，还根据化石燃料的用途分别设计税率。数据显示，在对化石燃料征收消费税的国家中，无铅汽油这一类中，土耳其的税率最高，美国的税率最低；商用汽油一类中，土耳其税率仍为最高，美国最低；液化天然气一类中，比利时、土耳其、墨西哥等国家不征税，而土耳其的税率最高，英国税率最低（不征税的国家除外）；商用轻质油一类中，土耳其税率最高，匈牙利税率最低；家用轻质油一类中，以色列的税率最高,而加拿大则有消费补贴。

目前,大多数国家都对汽油子目进行划分,区分无铅汽油和含铅汽油,对含铅汽油多征税,以达到抑制消费、调节生产、保护环境的目的。以OECD成员国无铅汽油的消费税税率为例,除墨西哥不实行从量定额计征以外,其余33个成员国都实行单位税额,且税额标准差异很大:美国最低,土耳其最高,相差约13倍。不过与中国每升0.1605美元的单位税额相比,只有美国的单位税额比中国低,其余国家的都远高于中国,而这33个国家的平均单位税额0.69美元,是中国的4.3倍。

1.英国燃油税制度

英国是世界最早实行燃油税的国家,1909年英国正式设定车用汽油税(Motor Spirit Duty),对所有的车用汽油征收。英国政府为了控制燃油的消耗量和保护环境,税率设置较高。经过近100年的发展后,英国2008年汽油税率比最初设定的税率提高了181倍。除燃油税本身外,政府还对车用燃料征收增值税。英国是欧共体中对燃油征税最高的国家。在英国汽油和柴油的最终销售价中,各项税赋总额约占78%。

燃油税的税率也并不是一成不变的。为了降低运输企业的燃油成本,政府对公路客运企业给以燃油税税收优惠。另外,为了保护环境,从2000年起英国对不同含硫量的汽油、柴油制定了差别税率,含硫量愈低,燃油税的税率愈低(见表5-2)。差别税率的引入极大地改变了车用燃油的市场份额,低硫汽油和低硫柴油迅速占领了车用燃油市场。

表5-2　　英国燃油税税目和税率

税目	税率
无铅汽油	0.5795英镑/升
重油	
生物柴油	
乙醇	
用于私人娱乐飞行的航空涡轮燃料	
轻质油	0.6767英镑/升
航空汽油	0.3770英镑/升

续表

税目	税率
有标记的汽油	0.1114 英镑/升
燃料油	0.1070 英镑/升
煤油	
非道路用柴油	0.1114 英镑/升
非道路用生物柴油	
道路用天然气	0.2470 英镑/升

资料来源：英国税务与关税局网站（https://www.gov.uk/fuel-duty）。

2. 美国燃油税制度

美国的燃油税主要是指机动车燃油税，最早是作为道路使用费的代替方式出现。燃油税的征收与管理分为联邦和州两级。1919 年美国的奥里根州率先征收燃油税，在其后的 10 年内，各州都陆续开征了燃油税。1932 年美国联邦政府开始征收燃油税。燃油税由联邦政府和州政府分别制定征收标准和征收方式，各州的征收方式和税率有所不同，即各州的燃油税是独立确定的。用户购买车用燃油时所缴纳的油税既有向联邦政府缴纳的部分，也有向购买地所在州政府缴纳的部分。美国燃油税收入是美国公路资金的主要来源之一，美国联邦和各州燃油税总收入占两级政府公路总资金的 61%。

美国的燃油税的征收对象为汽油、乙醇汽油、柴油、液化石油气、液化天然气、含 85%甲醇的燃料等，重点对车用燃油征税。由于燃油税的税收监管难度大，1988 年将汽油燃油税由零售环节改在生产环节征收，由汽油生产商或进口商缴纳，但柴油燃油税仍维持在零售环节征收。1993 年美国联邦政府将柴油燃油税的征收环节，也由零售环节改为生产环节，这一改革取得明显效果，当年柴油燃油税收入增加了 20%左右。

一方面为了寻求道路建设与维护资金的新来源，另一方面为了促进节能和清洁生产，美国燃油税税种繁多，具体如下：

(1)汽油，包括航空汽油和各种形式的汽油调和油。汽油税率 0.184 美元/加仑，航空汽油税率 0.194 美元/加仑，飞机使用的其他形式液体燃料的税率在航空汽油税率的基础上再加征 0.141 美元/加仑。

(2)柴油，包括染色柴油燃料。柴油的税率是 0.244 美元/加仑。

(3)柴油水燃料乳液,即柴油和水的混合乳液,水占比14%以上。按《空气清洁法案》注册的燃料,税率是0.198美元/加仑,其余为0.244美元/加仑。

(4)煤油,包括煤油调和油和航空煤油,适用税率为0.244美元/加仑。

(5)其他燃料(包括替代燃料),税率分别为:液化石油气0.183美元/加仑,"磷系列"燃料0.184美元/加仑,压缩天然剂0.183美元/加仑,液化氢0.184美元/加仑,通过费舍尔托法制造的任何液体燃料煤(包括泥炭)税率为0.244美元/加仑,液化天然气0.243美元/加仑,来源于生物质的液化天然气为0.244美元/加仑。

(6)内河运输中使用的燃料。

(7)飞机使用的其他形式液体燃料。[①]

3.日本燃油税制度

日本是全球汽车保有量最多的国家之一,也是能源主要依靠海外进口的国家,为了抑制汽车消费、减少石油消耗,一方面实行由政府严格控制的高油价政策,另一方面实行燃油税和车辆税政策。

日本以燃油为征税对象的税种有四项:汽油税、地方道路税、柴油税和石油天然气税。为了确保不同层级道路的建设和管理,日本燃油税在中央政府和地方政府按一定比例进行分配。除燃油税外,日本还以汽车为对象征收车辆税,包括汽车购置税、消费税、汽车重量税、汽车税、轻型汽车税。

1974年,日本在汽油税基础上还开征了"汽车临时附加税",即在当时汽油税税率基础上加征1倍的附加税。2008年4月1日汽车临时附加税立法到期后暂停征收,随之,日本的汽油和柴油价格纷纷下降,其中汽油每升下调25.1日元,柴油每升下调17.1日元。而汽车临时附加税作为日本政府重要的道路建设财源之一,据统计,取消后的财政缺口约为2.6万亿日元,为此,日本政府在当时表示,希望尽早让有关暂定税率法案获得通过,让汽油价格回到原来水平。2008年4月30日,以汽油暂行税率等为内容的"税制修改法案"得到恢复,决定继续实行已经维持34年的《汽油税暂定税率特别措施法》,从5月1日起恢复征收汽车临时附加税,恢复后的税率确定为每升汽油25.1日元。随着环境污染问题日益受到重视,日本为此也制定了多项政策降低汽车对环境的污染,主要是根据汽车的排放进行调整,调整的对象是车辆税,而并非是燃油税。如:对环保车型,在汽车购置税、汽车

① 参见龚辉文:《节能减排视角下消费税绿化的国际趋势及启示》,《涉外税务》2013年第3期。

税方面给予税收优惠等。[①]

4.德国燃油税制度

德国是燃油税较高的国家，税率为260%。由于德国对普通轿车不征收高速公路通行费，因此政府所征收的燃油税的一部分用于高速公路的建设和管理。

与美国、日本的燃油税不同，德国燃油税的突出特点是通过对燃油征税以保护生态环境。1999年4月1日，德国出台《实施生态税收改革法》，标志着德国的生态税改革正式启动。1999～2003年，德国在原有燃油税的基础上先后5次对汽油和柴油加征生态税。为了鼓励再生能源项目以及照顾工业、农业的生产，德国政府针对不同项目或对象给予不同的优惠政策，而对含铅和高硫汽油、柴油则实行较高的燃油生态税，从而促使德国消费者更多地使用无铅、低硫燃油，清洁燃油的销售量大幅度上升。生态税法实施后，取得了良好的社会效益和经济效益，同时也促进了德国经济的可持续发展。

通过对典型国家的分析发现，燃油税仍是诸多国家公路事业的主要财源，如美国、日本都直接将燃油税作为公路建设的专项税。另外，征收燃油税也是诸多国家应对能源短缺和环境恶化的最直接而有效的方法。以德国为例，其在燃油税中开始增征生态税。而燃油税税率也并非长期不变，由于车辆技术持续进步、公路等级及质量不断提高致使车辆的油耗持续下降，燃油税税金会降低，如要保持国家的燃油税收及道路建设资金，节约能源和保护环境，就需要不定期地调整燃油税税率。英国在百年内将税率提高了181倍，美国也在60年的时间内将税率提高了18倍。[②]

(二)机动交通工具

机动车是消费税的传统应税品目，其传统的征收目的也是为了增加政府财政收入，但机动车是消耗燃油的主要载体，其尾气污染和二氧化碳排放是造成现在城市环境污染和气候变化的重要因素。因此越来越多的国家考虑环保因素来设计和调整机动车的消费税。

---

① 参见《典型国家的燃油税》，2010年10月19日，http://auto.ifeng.com/news/internationalindustry/20101019/444496.shtml。

② 参见《典型国家的燃油税》，2010年10月19日，http://auto.ifeng.com/news/internationalindustry/20101019/444496.shtml。

1. 英国根据机动车的环保标准设计税率[①]

英国车辆税的最新执行的税率是 2015 年 4 月 1 日发布的。计税依据是发动机的大小、燃料类型、二氧化碳排放量，按照机动车的环保标准设计税率，对污染程度高的机动车征收高税额。

(1)对在 2001 年 3 月 1 日之前注册的轿车和轻型卡车，发动机排量在 1549 升以下的车辆，分为全年和半年税率，其中：全年税率为 145 英镑，半年税率为 79.75 英镑；发动机排量在 1549 升以上的车辆，全年税率为 230 英镑，半年税率为 126.5 英镑。

(2)对在 2001 年 3 月 1 日之后注册的轿车，根据燃料类型和二氧化碳排放量来确定税率，排放量越低税率越低，如表 5-3、表 5-4 所示。

表 5-3 汽油车(TC48)和柴油汽车(TC49)

等级	二氧化碳排放(g/公里)	一次付一年的单价	以授权支付方式一次性支付一年的单价	以授权支付方式分期付款一年的单价	半年一付的单价	每月一付的单价
A	低于 100	0 英镑	N/A	N/A	N/A	N/A
B	101～110	20 英镑	20 英镑	21 英镑	N/A	N/A
C	111～120	30 英镑	30 英镑	31.50 英镑	N/A	N/A
D	121～130	115 英镑	115 英镑	120.75 英镑	63.25 英镑	60.38 英镑
E	131～140	135 英镑	135 英镑	141.75 英镑	74.25 英镑	70.88 英镑
F	141～150	150 英镑	150 英镑	157.50 英镑	82.50 英镑	78.75 英镑
G	151～165	190 英镑	190 英镑	199.50 英镑	104.5 英镑	99.75 英镑
H	166～175	220 英镑	220 英镑	231 英镑	121 英镑	115.50 英镑
I	176～185	240 英镑	240 英镑	252 英镑	132 英镑	126 英镑
J	186～200	280 英镑	280 英镑	294 英镑	154 英镑	147 英镑
K	201～225	305 英镑	305 英镑	320.25 英镑	167.75 英镑	160 英镑
L	226～255	520 英镑	520 英镑	546 英镑	286 英镑	273 英镑
M	超过 255	535 英镑	535 英镑	561.75 英镑	294.25 英镑	280.88 英镑

资料来源：英国政府网站(https://www.gov.uk/vehicle-tax-rate-tables)。

① 本部分中的相关数据来源于英国政府网站(https://www.gov.uk)。

表 5-4 代用燃料车(TC59)

等级	二氧化碳排放(g/公里)	一次付一年的单价	以授权支付方式一次性支付一年的单价	以授权支付方式分期付款一年的单价	半年一付的单价	每月一付的单价
A	最多 100	0 英镑	N/A	N/A	N/A	N/A
B	101～110	10 英镑	10 英镑	10.50 英镑	N/A	N/A
C	111～120	20 英镑	20 英镑	21 英镑	N/A	N/A
D	121～130	105 英镑	105 英镑	110.25 英镑	57.75 英镑	55.13 英镑
E	131～140	125 英镑	125 英镑	131.25 英镑	68.75 英镑	65.63 英镑
F	141～150	140 英镑	140 英镑	147 英镑	77 英镑	73.50 英镑
G	151～165	180 英镑	180 英镑	189 英镑	99 英镑	94.50 英镑
H	166～175	210 英镑	210 英镑	220.50 英镑	115.50 英镑	110.25 英镑
I	176～185	230 英镑	230 英镑	241.50 英镑	126.50 英镑	120.75 英镑
J	186～200	270 英镑	270 英镑	283.50 英镑	148.50 英镑	141.75 英镑
K	201～225	295 英镑	295 英镑	309.75 英镑	162.25 英镑	154.88 英镑
L	226～255	510 英镑	510 英镑	535.50 英镑	280.50 英镑	267.75 英镑
M	超过 255	525 英镑	525 英镑	551.25 英镑	288.75 英镑	275.63 英镑

资料来源：英国政府网站(https://www.gov.uk/vehicle-tax-rate-tables)。

2. 美国对环保型机动车给予税收减免优惠

美国对环保型机动车给予消费税减免优惠，包括对电动车、使用清洁能源的机动车以及能效高、污染少的机动车。美国通过对新能源汽车给予税收优惠以促进环境保护和经济的可持续发展。

美国联邦政府在复苏法案中明确规定对具有能源技术创新的汽车给予购买环节的抵扣政策。表 5-5 列示了美国新能源汽车购买环节税收优惠政策。美国政府期望通过此项措施提高技术创新的积极性，但市场接受能力与技术投资间的差距成为限制政府通过此手段发挥积极作用的主要障碍，尽管如此，要实现资源的节约利用就必须加大政府对能源创新产业的支持力度。

表 5-5 美国新能源汽车购买环节税收优惠政策

汽车类型	抵扣政策
混合动力车	抵扣最高 3400 美元联邦所得税
清洁柴油车	抵扣最高 3400 美元联邦所得税
插线式和混合动力车	给予最低 2500 美元、最高 7500 美元的优惠
压缩天然气汽车	抵扣最高 4000 美元的联邦所得税

资料来源：王清清：《2016 美国汽车行业趋势分析报告》，2016 年 9 月 28 日，https://wenku.baidu.com/view/e9b02f875acfa1c7ab00ccf2.html。

（三）污染产品

对污染产品课征消费税可以在一定程度上抑制污染性消费，达到保护环境的目的。污染性产品可根据其是否通过消费行为直接对环境造成污染分为：直接污染产品，如能源性产品、电池、轮胎等；间接污染产品，如一次性筷子、电力等。

许多国家对电力征消费税。对电力消费征税具体表现出以下几个特点：一是电力的征税税率在国家之间变化很大。二是几乎所有国家，对生产性行业以及其他行业所使用的税率要低于对家庭所使用的税率，最典型的是英国。三是在不同的纳税人之间采用不同的税率标准。例如，在比利时，只有低电压消费才征税，因此，重工业自然就豁免了，因为他们的电力是以高压形式供应的；在荷兰，随着电力使用量的增加，消费税税率递减。

三、创新战略下国际消费税税制借鉴

（一）加大对高污染、高消耗产品的征税力度，专款专用

对污染产品课重税，可以有效抑制消费者对污染性产品的消费，起到引导消费的作用。同时将消费税收入专项用于环境的治理，可以提高税收收入的利用效率，减轻财政收支压力。美国消费税的一个重要特点就是专款专用，把汽油消费税税收专门用在公路、高架桥和其他客运系统的设计建造和维护修理上；把 ODCs 消费税税收用于自我消费，一部分用于专门的 ODCs 排放的治理，另一部分用于研究制造工艺，有利于税款的合理利用和良性循环，这为国内 ODCs 气体治理提供有益的借鉴。再者，采用专款专用的方法，消费者可以知道自己缴纳的税款都用在了何处，对社会有什么助

益，有助于提高纳税人纳税积极性。

(二)合理调整征收环节

合理调整消费税征收环节，不同应税商品在不同环节征税。目前我国商品的消费税主要在进口、生产和委托加工环节征收(除金银首饰在零售环节征收外)，这样的征税方式会给制造商提供转嫁或逃避税负的机会，不利于税收征管。因此应适当地根据应税消费品的特点在不同环节征收消费税。对于分布广泛，消费量大的应税消费品在生产环节征收，如烟、酒、电池等日常消费品，在生产环节对其进行征税可降低税收成本，提高征税效率。而对于那些具有严格登记注册标准的消费品，应在零售环节征收，如对机动车课征消费税，由于严格的机动车注册管理制度，为消费税的征收提供了方便的税源管控措施，为机动车在零售环节征税提供了有利条件。

(三)采取价外税制度

消费税具有引导消费的功能，这一功能是通过国家对限制消费的消费品征高税，或是对鼓励消费的消费品少征税来实现的。然而我国将消费税税款涵盖于商品价格之内，这在一定程度上弱化了其引导消费的功能。将价内税调整为价外税，能够切实发挥消费税的调节作用，提高我国消费税的透明度，同时也可实现我国消费税税收与国际接轨。价外税征收时，销售的应税消费品价格标签上就会注明该种商品的价格和消费税各是多少，消费者购买商品时一目了然。这样，消费者就很清楚自己所购买的该种商品是国家限制消费的商品或是鼓励消费的商品，从而影响到其消费决策和行为。而且，通过价外税的形式，消费者在依法纳税的同时，也享有对自己赋税义务的知情权，知道自己在消费某一消费品时究竟负担了多少税金，体现了公共财政下税收的透明与公开。

(四)合理划分消费税的分级管理权限

我国“营改增”改革后，原属于地方的营业税收入被取消，地方财政收入减少，而仅仅依靠中央的转移性支付不能满足地方的财政支出需要，这就需要从其他税种上获得补偿。目前我国的消费税属于中央税，从效率和收益的角度出发，合理划分中央和地方对消费税的征管权限对提高消费税征管效率具有重要意义。

第六章　创新战略下我国消费税改革研究

引　言

消费税作为我国三大流转税之一，起到引导消费和调整经济结构的作用。自1994年引入消费税后，除了几次调整个别税目、税率，我国的消费税税制相对稳定。2006年4月1日，我国对消费税进行了一次较大的制度性调整，消费税税目由原来的11个调整为14个；2014年11月28日到2015年1月13日，三次上调成品油消费税；2014年12月1日起，取消小排量摩托车、汽车轮胎、车用含铅汽油和酒精等税目的消费税；为促进节能环保，2015年2月1日起对电池、涂料征收4%的消费税；自2015年5月10日起，提高卷烟在批发环节从价税税率，并加征从量税；2016年10月1日起，为引导合理消费，对化妆品的消费税政策进行调整，将征收范围调整为高档美容修饰类化妆品、高档护肤类化妆品并将进口环节消费税税率由30%下调为15%；自2016年12月1日起，对超豪华小汽车在零售环节加征10%的消费税。

通过几次调整，目前中国消费税共有15个税目，有的税目还进一步划分为若干子目。我国消费税实行价内计征方式，税率有比例税率和定额税率两种形式，一般情况下，对一种消费品只选择一种税率形式，但对卷烟、白酒则采用比例税率和定额税率复合计征方式。消费税征收环节比较单一，除金银首饰、钻石及钻石饰品在零售环节征税外，其他应税消费品均在生产、委托加工和进口环节缴纳。

我国在“十三五”规划中明确提出实施创新驱动发展战略，而消费税在引导消费、调节经济结构上起着越来越重要的作用。目前，我国的消费税制度仍然存在不少问题，不能完全适应现阶段经济发展需要。

征税范围方面，张付政(2017)提出目前中国消费税的课征范围中包括了少数的生产资料，这样不利于中国产业结构的调整，对居民基本生活消费品和其他不适合继续征收消费税的产品应调出征税范围。蔡艳(2017)分析提出，消费税的征税范围在电力、高污染的塑料包装、含磷洗涤用品等方面缺位。司晓晓(2015)提出扩大环保目的税的征税范围，增加对奢侈消费行为和奢侈品的征税，并提出把消费税作为地方税，补充地方财政收入。

税率设置方面，张付政(2017)认为应对奢侈型高端物品和高档消费行为以及过度消费危害人们身体健康的产品适当提高消费税税率。臧传琴(2013)指出我国消费税要走绿化的道路，但是消费税税制中的“绿色”范围较窄，需进一步扩大“绿色”税目，优化税率结构。王西(2015)指出我国卷烟消费税税负偏低，不同税目之间的税率差异大，很难起到引导消费、节约资源的作用。赵丽萍(2013)认为我国需要细化成品油税率结构、后移纳税环节，采用价外税制度，以消费量的阶梯形税率开征电力消费税，并将二氧化碳排放量作为税率设计依据。

计税方法方面，万文杰(2015)建议将消费税由价内税调整为价外税。如果消费税改为地方税，纳税环节同步调整为零售环节，消费税税率可由省级政府在一定浮动范围内灵活确定。王西(2015)指出了我国现行消费税计征方式存在缺陷，消费者产生不了“纳税痛苦感”，消费税引导消费的作用不能充分发挥。蔡艳(2017)提出掩盖税负的价内税会严重阻碍我国产业结构的调整，消费税引导产业结构升级的功能还有很大的提升空间。

国内对消费税的研究集中在烟、酒、成品油和汽车等具体消费品征税过程中的漏洞和缺陷，探讨了消费税的经济效用，着重强调了消费税在调节收入差距、保护环境、减少浪费等方面的作用。而我国学者对消费税的调节经济结构，实现经济增长方式转变的作用机制上缺少研究与探讨，而这正是本书研究的重点。

一、我国消费税制度概述

消费税是指对消费品和特定的消费行为按流转额征收的一种商品税。广义上，消费税应对所有消费品包括生活必需品和日用品普遍课税。但从征收实践上来看，消费税主要是对特定的消费品或特定的消费行为等进行课税。消费税主要以消费品为课税对象，属于间接税，税收负担随商品的销售转嫁给消费者，消费者是税款的实际承担者。消费税的征收具有较强的选择性，是国家贯彻消费政策、引导消费结构的重要手段。

我国消费税的征收范围包括了四种类型的产品(见表6-1):

第一类:一些过度消费会对人类健康、社会秩序、生态环境等方面造成危害的特殊消费品,如烟、酒、鞭炮、焰火等。

第二类:奢侈品、非生活必需品,如贵重首饰、化妆品等。

第三类:高能耗及高档消费品,如小轿车、摩托车、游艇等。

第四类:不可再生和替代的消费品,如成品油、实木地板、木制一次性筷子等。

表6-1　　2018年消费税税目税率

税目	税率
一、烟	
1.卷烟	
(1)甲类卷烟[调拨价70元(不含增值税)/条以上(含70元)]	56%+0.003元/支
(2)乙类卷烟[调拨价70元(不含增值税)/条以下]	36%+0.003元/支
(3)商业批发	11%+0.005元/支
2.雪茄烟	36%
3.烟丝	30%
二、酒及酒精	
1.白酒	20%加0.5元/500克(或者500毫升)
2.黄酒	240元/吨
3.啤酒	
(1)甲类啤酒	250元/吨
(2)乙类啤酒	220元/吨
4.其他酒	10%
三、高档化妆品	15%
四、贵重首饰及珠宝玉石	
1.金银首饰、铂金首饰和钻石及钻石饰品	5%
2.其他贵重首饰和珠宝玉石	10%
五、鞭炮、焰火	15%

续表

税目	税率
六、成品油	
1.汽油	
(1)含铅汽油	1.52元/升
(2)无铅汽油	1.52元/升
2.柴油	1.20元/升
3.航空煤油	1.20元/升
4.石脑油	1.52元/升
5.溶剂油	1.52元/升
6.润滑油	1.52元/升
7.燃料油	1.20元/升
七、摩托车	
1.气缸容量(排气量,下同)在250毫升(含250毫升)以下的	3%
2.气缸容量在250毫升以上的	10%
八、小汽车	
1.乘用车	
(1)气缸容量(排气量,下同)在1.0升(含1.0升)以下的	1%
(2)气缸容量在1.0～1.5升(含1.5升)的	3%
(3)气缸容量在1.5～2.0升(含2.0升)的	5%
(4)气缸容量在2.0～2.5升(含2.5升)的	9%
(5)气缸容量在2.5～3.0升(含3.0升)的	12%
(6)气缸容量在3.0～4.0升(含4.0升)的	25%
(7)气缸容量在4.0升以上的	40%
2.中轻型商用客车	5%

续表

税目	税率
3.超豪华小汽车	按子税目1和子税目2的规定征收，零售环节10%
九、高尔夫球及球具	10%
十、高档手表	20%
十一、游艇	10%
十二、木制一次性筷子	5%
十三、实木地板	5%
十四、铅蓄电池	4%
十五、涂料	4%

资料来源：中国注册会计师协会：《税法》，中国财政经济出版社2019年版，第172页。

我国现行消费税具有以下特点：

1.消费税征税项目具有选择性。消费税以税法规定的特定产品为征税对象。即国家可以根据宏观产业政策和消费政策的要求，有目的地、有重点地选择一些消费品征收消费税，以适当地限制某些特殊消费品的消费需求，故可称为消费税税收调节具有特殊性。

2.按不同的产品设计不同的税率，同一产品同等纳税。

3.平均税率水平比较高且税负差异大。消费税的平均税率水平一般定得比较高，并且不同征税项目的税负差异较大，对需要限制或控制消费的消费品，通常税负较重。

4.消费税是价内税，是价格的组成部分。

5.征收方法具有灵活性，消费税实行从价定率和从量定额以及从价从量复合计征三种方法征税。

6.消费税征收环节具有单一性，主要在生产和进口环节[①]征收。

7.消费税税收负担具有转嫁性，最终都转嫁到消费者身上。

---

① 根据《中华人民共和国对外贸易法》《中华人民共和国进出口关税条例》等法律法规和国际法基本原则，经国务院批准，国务院关税税则委员会发布公告决定，对原产于美国的659项约500亿美元进口商品加征25%的关税，其中对农产品、汽车、水产品等545项约340亿美元商品自2018年7月6日起实施加征关税，对其余商品加征关税的实施时间另行公告。

二、我国消费税制度存在的问题

(一)税源老化,税基减小

目前征收的15种消费税主要是围绕一些传统的产业课税,现在大多数传统行业都处于产能过剩阶段,对于近几年新兴的泛娱乐产业等高收益的产业没有设定税目,导致税源缺失。

另外,部分企业钻法律的漏洞,通过改变自身经营模式,将同一产品的不同部分分开生产,实行独立运营,建立独立核算的销售公司,这样原本属于生产环节实现的价值就嫁接到流通环节上,这种偷漏税行为减小了消费税税基。

(二)调节功能发挥不充分

对于成瘾性消费品,比如烟、酒,消费税的调节作用并不明显,白酒产业中消费群体数量保持10%左右的年复合增长。对于不可再生和替代的消费品,消费税的调节功能也没有充分发挥。尽管国家在大力推崇低碳出行,但仍有越来越多的消费者购买私家车,成品油的需求量每年只增不减。除此之外,近几年外卖行业的兴起,一次性木制筷子的消费量也迅速上涨。

(三)加重部分企业税收负担

消费税集中在生产环节征收,直接导致部分制造业的生产成本增加,在预缴消费税的前提下,企业的发展资金会被占用,将对企业的产品生产造成不良影响。此外,部分企业的生产对环境造成不良影响,地方政府需要人力、物力、财力对其造成的污染进行整治,而我国的消费税是中央税,其收入权益、征收管理全隶属中央,这会打击地方政府投资管理企业的积极性。

(四)不利于地方经济转型

消费税调节产业结构的功能发挥不充分,传统产业依旧繁荣,大多数人更愿意去选择稳定的传统行业,创新思维受限,一定程度上打击了新兴产业发展的积极性。政府将大量资金投入整治老企业造成的污染,消费税归属中央,地方政府缺少消费税的收入,没有政府的资金支持,新兴产业的发展更是举步维艰。

三、我国消费税制度存在问题的原因分析

(一)征税范围窄

1.新生奢侈品少

随着经济的全球化,西方的消费主义思想影响我国的消费行为。新兴的奢侈品因为其高昂的价格,吸引了大批高收入阶层的消费者,众多新增奢侈品不断涌入我们生活,而我国现有的消费税征税范围中包含的奢侈品仅为5种,没有根据人民生活水平和奢侈品的实际消费情况及时扩大奢侈品的征税范围。我国消费税制度中有关奢侈品税目的调整具有滞后性,降低了消费税的累进性。

2.高污染、高耗能消费品少

我国目前仍是一个发展中国家,尽管采取了一些环保政策,但仍有众多企业和工厂生产高污染高耗能、危害生态环境的产品。为实现经济转型,首要任务便是实现资源的有效利用。自2018年1月1日起,我国开始征收环境税,但部分高污染、高能耗的商品例如塑料袋、包装物、废旧电子产品等都未列入消费税以及环境保护税的征税范围。未来,应补充和完善消费税的征税项目,将该部分产品纳入征税范围。

3.高档消费行为缺失

目前我国消费税征收范围仅限于有形商品,而未包括消费行为。随着生活水平的提高,人们的高端消费水平越来越高。其中较为突出的是高档服务、高级家政服务、高级航空服务、高档桑拿洗浴、高档餐饮服务、高档体育休闲服务等。经济增长推动了消费的同时,人们也开始思考如何有效和合理避税。例如,对游艇征收高额消费税,为了避免购买游艇,大多数人会选择成为游艇俱乐部的一员。高档消费行为的频率远高于购买奢侈品的频率,如在游艇俱乐部进行高端消费的消费者数量远多于购买游艇的消费者,而且高端奢侈消费并不低于奢侈品本身的价格。除此之外,一些高端服务也会带来不良影响,这些服务有较多的后台生产环节和产业链,需要消耗较多的资源,产生较大的二氧化碳排放量。例如,高尔夫球场占地面积很大,但绿化作用很小。高尔夫球场的消费行为还会产生一定的负外部性,增加社会的绿化成本。因此,这种消费行为需要纳入征税对象。目前,中国只对奢侈品征税,忽视了高端消费行为,一定程度上弱化了消费税的调节功能。中国目前对高档消费行为的征税存在缺失,这也削弱了消费税调控功能。

(二)税率结构不合理

我国现行消费税大多实行单一税率,可调节性较低。虽然计征较为简单,但是对经济的调控效果不明显。消费税制定中只有对同一税目下不同物品的等级、价格、数量、质量等执行差别税率,才能体现税收的客观、公平,更好地传达政府的政策意图,发挥消费税引导消费、调节产业结构、促进创新创业的作用。

(三)实行价内税制度

我国的消费税为价内税,对消费者来说,自己所购买的产品价格中包括多少消费税并不明确。价内税和价外税之间最大的区别是开放性,将税和价格分开是实现公众知情权的重要途径。例如,当消费者购买烟草产品时,由于价内税的缘故,即使烟草价格上涨,通常也会被认为是通货膨胀,消费者没有意识到政府为了减少成瘾商品的消费而增加税收,使得消费税调节消费行为的功能几乎无法实现。再以奢侈品为例,当使用价外税时,消费者可以很直观地了解到商品本身的价格和税分别是多少,通过价外税的模式,消费者可以清楚地了解国家的消费导向,从而进行合理的购物消费,企业可以根据消费行为调节产品的生产,进而调节经济结构。

(四)单一环节征税

我国目前消费税主要采取单一环节征收,主要集中在生产环节。除了卷烟在批发环节、金银首饰及钻石等饰品在零售环节加以征收,其他消费品都是在生产、委托加工或进口环节征税,批发和销售环节均不征收消费税。这一模式有利于征收管理,降低征税成本,避免重复征税。但是却产生很大漏洞,难以准确划分征税范围,对发生的偷漏税行为无法弥补,不利于税源控制。

(五)收入划分不合理

消费税收入的合理划分不仅有利于税收政策目标的实现,也影响各级政府税收利益分配格局。我国的消费税是中央税,其收入权益、征收管理全部隶属中央,这虽然一定程度上有利于中央统一分配财政收入,但不利于调动地方政府积极性,阻碍消费税的宏观调节功能的发挥。

第一,消费税收入全部归属中央,会打击地方政府引导产业结构调整的积极性。很多消费税的税源在地方，地方政府投资培植消费税税源企业，而最终受益的是中央，这就会打击地方政府对新兴企业投资及调整当地产业结构的积极性。

第二，加剧了地方政府事权与财权不匹配的格局。缴纳消费税的企业排放的废气、废渣以及对本地资源商品的过度使用，会严重破坏当地生态环境，中央政府不能及时发现并采取整治措施。面对中央政府的措施上的滞后性，地方政府却要为负外部成本买单。2016 年 5 月"营改增"全面实施后，地方政府失去营业税收入，地方财政收入入不敷出，而治理因经济行为产生的负外部性影响则会增大地方政府的开支，结果无疑会加剧地方政府财权与事权不相匹配的格局，进而严重影响政府对新兴产业的扶植和投资。

四、创新战略下我国消费税制度改革建议

（一）调整征税范围

1.增加对高污染、高消耗产品的征税

尽管国家目前大力宣传环保低碳经济，我国环境污染已有所好转，但目前中国还存在着用资源换取发展、用环境换取发展的企业，而单纯依靠资源和污染环境谋发展并不是长久之计。有些企业目光短浅，只追求眼前的利益，不会主动去研发绿色环保的生产技术，可以通过对其加征消费税，敦促其进行产业结构升级。

2.增加对高档消费品、高档服务的征税

通过对高档消费品和高档服务开征消费税，将其加入消费税的征税范围，不仅可以增加财政收入，调节消费者的消费行为，还可以进一步增强消费税的累进性，让高收入阶层承担应有的税负。扩大高档消费品、高档服务的征税范围，也有利于引导产业发展方向，实现经济结构优化。

（二）调整税率

1.提高高污染、高耗能产品税率

随着各国对环境保护的重视，越来越多的国家开始将诸如电池、白炽灯、化学农药、洗涤用品、塑料袋包装物等一些不利于环保的污染性产品纳入消费税征收范围。就我国目前的情况看，除电池外，对这类污染性产品征收消费税尚属空白。未来可以考虑对诸如不可降解的一次性塑料袋、饭盒等产品征收消费税，以使消费税的环境保护功能得到有效发挥。

2.降低创新性产品、高附加值产品税率

近年来,创新创业一直是中央政府关注的重点,国家出台了一系列政策鼓励创新创业。但是,对于创新型公司,包括消费税的较高的税赋对其造成了很大压力。因此,国家应对生产属于征收消费税的高附加值的创新型产品或服务实行低税率政策,扶植创新型企业的发展,鼓励其创造出有利于社会进步的产品或服务。

(三)调整计税方法

我国现行的消费税是价内税,避免了征税过程中划分税基的麻烦,一定程度上缓和了征纳的矛盾,提高了税法的遵从度。然而,对消费者而言,消费税的间接税性质,降低了消费税的透明度,不利于引导消费。

将消费税改为价外税,有利于提高消费税的透明度,消费者可以清楚地看到自己所承担的税负,维护消费者知情权,增强纳税人的纳税意识。并且有利于保护消费者利益,消除消费者和生产者之间的信息不对称。可以参照增值税,在消费税的应税消费品销售中,发票中注明消费者的消费税和价格,消费者可以通过发票了解商品的实际价格,监督商家的行为。当消费者与生产者之间的信息不对称问题解决之后,有助于督促生产者提高产品和服务的质量,实现价与质的匹配,提高经济增长的质量。

(四)调整纳税环节

消费税尽管不能像增值税一样逐环节征收,但是单一在生产环节纳税已不能适应征管发展的需要。消费税在生产环节征收,很难准确划分生产与流通、批发与零售、制作与简单加工的区别,而征管部门并不对此进行严密的划分,虽减轻了工作压力,却不利于消费税的管理。大多数消费品在生产环节征消费税,不利于防范纳税人利用转移定价避税。因消费税计税环节在生产环节或进口环节,国外一些生产企业通过各种手段,以相对较低的价格销售应税消费品给国内独立核算的销售公司,严重侵蚀了计税基础,不利于发挥消费税的调节作用。

可以选取部分消费品实行生产、销售两个环节进行征税。比如烟、酒等市场需求量较大,物价上涨快,国家不提倡消费并限制生产的消费品,可在生产环节征收消费税的基础上,再在零售环节加征一道消费税,以加强调节,堵塞征管漏洞。消费税在零售环节加征,税款依然由消费者负担,不会对企业生产决策产生影响,企业可根据消费者需求量调整销售资金向生产转换，缓解企业生产资金被占压的问题。消费税增加零售环节征税，有助于体现税基的区域性，扩大消费税税基，增加消费税收入。

另外，消费税在零售环节征收能够与环保税相适应。环境保护税的征收对象是排污行为，纳税人是生产中排污超标的企业，所以环保税只能在生产环节征收。而消费税征税范围很可能与环保税有重复的地方，如果对高污染产品既征收环保税又在同一环节征收消费税，就会出现重复征税。因此，高能耗、污染环境的消费税税目应在零售环节征收。此外，高档消费品和高档消费行为也应选择在消费行为发生时的单一环节征收。

（五）调整税收归属

营业税改增值税全面实施后，地方税收减少，有人主张为补偿地方税收收入，将消费税归为地方税。也可以借鉴外国经验，将消费税划归中央和地方共享税。大多数国家根据政治体制和消费税调控目标，将消费税收入在各级政府间按照预算级次进行划分。结合我国实际，通过构建中央与地方税收收入的联合机制，建立政府层级间规范的消费税税收分配关系，将会更好地实现消费税的调控目标。

消费税的税收收入在开征时一般都未规定特定用途，但部分国家是基于特定目的而开征消费税的，如为了保护环境、特定项目维护、节约能源等，建立了消费税专款专用制度，将所征税款投向特定的项目。我国可以将部分消费税税收设立专项基金，以基金的形式专款专用，基金可以作为奖金发放给创新创业公司，为其提高能源利用效率和实现可持续发展提供资金保障。在消费税税收分配上，中央还可以把消费税按一定比例划分给地方，以供地方建立节能环保专项基金，有利于地方进行环境保护和污染治理。这样，既可防止为了增加消费税收入而盲目发展高污染和高耗能产业，又能通过专项基金的使用促进环境的改善和创新水平的提高。

第七章 创新战略下国际企业所得税改革趋势与借鉴

引 言

研发活动是企业技术进步的主要动力，也是一国经济增长的重要源泉。近年来，世界各国竞相调整产业结构与技术结构，加大研发投入强度，以切实增强国际竞争力。从世界各国情况来看，政府为促进企业的研发投入，可采用补贴、低息贷款等直接的财政政策，也可以通过税收优惠降低企业研发投入成本。由于后者更加符合市场中性原则且具有普惠性、稳定性等特点，因而被世界各国广泛采用，而企业所得税中对研发和创新的税收优惠是税收体系中最为重要的政策。

对企业研发和创新的企业所得税税收优惠政策有效性研究方面，Bisenberg 等(2014)发现一国政府对于企业无形资产形成、收益实现过程给予的优惠越多，跨国企业越倾向于在该国配置更多的无形资产，并且这种促进作用对于无形资产占总资产比例较高、研发强度较大的行业更明显。Karkinsky 和 Riedel (2012)以欧洲专利局的有关数据为基础，估算了企业所得税税率与企业专利申请之间的数量关系，测算结果表明一国所得税税率每上升 1 个百分点，该国的专利申请量将会降低 3.2%～3.8%。Dischinger 和 Riedel (2011)以欧盟内跨国企业的财务数据和专利申请数据为基础的分析表明，一国企业所得税税率的高低对跨国公司在该国申请的专利数量和无形资产规模具有显著的负向影响。Czanitzki 等 (2011) 通过衡量加拿大研发税收减免政策对于企业创新产出(新产品销售金额及占总额销售比例、研发创新等)的促进效果，发现受惠企业在产出端指标上具有更好的表现，并且具有更高的生产效率。Jong 和 Verhoeven(2007)测度了荷兰

WBSO 税收抵免的实施效果，结果表明该政策的实施对于新产品和新服务销售比重等创新产出指标有显著的正向影响。Guellec 和 VanPottelsberghe(2003)分析了 17 个经合组织国家的数据，提出税收激励措施能够促进社会研发与技术创新活动。

可见，大多数研究认为对企业研发和创新的企业所得税税收优惠政策是有效的，本书通过对国际上有关企业所得税优惠政策的比较分析，提出完善我国促进创新的企业所得税优惠政策的思路与方法，以推动企业创新，提高产品竞争力。

一、激励创新的国际企业所得税税收优惠政策概述

(一)美　国

美国企业所得税为阶梯式，实际税率是 15%～35%。但 2017 年美国联邦税改法案的主要内容之一是将股份有限公司的企业所得税税率从 35%降低到 21%，根据美国国会税收联合委员会的报告，此次税改会使美国联邦企业所得税收入在 10 年内净减少 5610 亿美元。

美国促进企业技术创新的税收优惠主要集中在企业所得税，具体形式比较繁杂，往往以间接税收优惠为主，辅之以直接优惠。间接优惠的主要形式有加速折旧、加计费用扣除、总经营抵免、亏损结转等，而直接的企业所得税税收优惠主要有减免所得额、享受低所得税税率。通过多种税收优惠共同作用，最终达到激励企业技术研发、鼓励企业设备更新、促进科技成果产业化及鼓励中小企业技术创新的目的。

1. 激励企业研发的税收优惠

美国对企业研发支出采取了两种税收优惠，一种是超基数抵免，一种是费用扣除。美国企业所得税法规定在一定条件下，企业的研发支出可以一次性扣除。对超过基数的符合研发条件的 20%部分可以抵免税额，基数不能低于符合条件的研发费用支出的 50%。纳税人用研发费用抵免税额，会降低企业的税收负担。美国税法还规定了总经营抵免，总经营抵免额在当年可以抵免所得税额，未使用完的可向后转 20 年，也可向前转 1 年。总经营抵免主要有投资抵免、工作机会抵免、研究抵免、新市场税收抵免等。

2. 激励企业设备更新的税收优惠

美国企业进行新技术研发的投资，可以按照投资额的 10%抵减当年的应纳税所得额。同时大幅度缩短企业研究开发所使用的机器设备的折旧年

限，折旧期限缩短为3年，产业用机器设备折旧年限限定为5年。利用加速折旧与投资抵免，逐渐推动企业更新设备。

3.促进科技成果产业化的税收优惠

为了鼓励科技成果的转化，美国政府明确规定非营利机构不用纳税，并将科研机构纳入非营利机构范畴。只要该科研机构确实承担科学技术研究，同时该科研机构获得的收入严格用于科学研究，则该机构科研收益享受免税待遇。特别声明政策下的科研部门、高校、公益性单位等从事企业高新技术创新活动能够获得免税政策，并且，商业性研发活动还能够获得退税政策。

4.激励中小企业技术创新的税收优惠

美国政府还出台了专门鼓励中小企业技术创新的税收优惠政策。如风险准备金能够税前列支、中小企业所得税税率能够获得一定程度的优惠等，使得美国中小企业能够在技术创新的过程中真正受益。[①]

(二)日　本

日本的法定企业所得税为40%，本土公司的实际税率为37%，而大型跨国公司的实际税率为38%，均为全球最高(见表7-1)。日本激励企业技术创新的税收优惠政策主要集中在研发费用扣除、投资抵免、加速折旧及亏损弥补等。美国注重科技成果转化方面的税收优惠，而日本更加注重企业技术创新过程中的税收优惠。日本超过60%的研究资金用于过程创新。在企业所得税税收法律中，日本税收优惠政策的重点放在了基础技术开发与中小企业基础技术的培育上。

表7-1　日本企业所得税税率

类型	税率(%)
法定企业所得税	40
本土公司实际所得税	37
大型跨国公司实际所得税	38

资料来源：贸易经济网站(https://zh.tradingeconomics.com)。

具体来讲，日本对于企业技术创新的激励主要表现在以下几方面：

① 参见李旭红：《美国税改企业所得税率降低的影响》，2018年1月5日，http://www.ctax.org.cn/xstt/zjsd/201801/t20180105_1070425.shtml。

1.激励企业研发的税收优惠

日本企业研发支出能够享受相应的企业所得税抵免优惠，扣除限额依据公司规模和研发比率确定，研发比率为全部研发费用与前3年销售额和当年销售额的平均数之比。资本金超过1亿日元的大规模公司，其研发比率超过10%的，税额扣除为全部研发费用的10%；研发比率低于10%的，扣除限额在8%的基础上按0.2倍的研发比率线性递增。而对于中小企业，其研发费扣除限额为全部研发费的12%；对于电子技术的研发，企业可以设立不超过销售额10%的准备金。对于亏损弥补，企业如果未在当年弥补完，其未使用的研发经费抵减额和减免税额可以向前5年，也可以往后10年用来弥补亏损。

2.激励企业设备更新的税收优惠

企业购置基础技术开发相关的资产，允许依据总资产额的7%进行应税所得减免。针对生物工程、机器人技术、高端技术、新材料技术等领域的研究经费和设备的采购等给予直接减免10%的税金。此外，对于特殊设计的新型设备，在日本购进或者生产并投入使用，可以享受税额扣除的优惠。企业购置某些明确用来推进基础技术研发的项目，可以选定相关的税额直接抵免公司所得税，该税额为额外研究开发费用的20%加上上述资产购置成本的5%与企业所得税的13%之间的较小者。

3.激励中小企业技术创新的税收优惠

中小企业是企业技术创新的一个重要组成部分。日本政府除了一般适用所有企业的技术创新优惠政策之外，还专门制定了与之相关的促进中小企业技术创新的税收政策。主要包括投资抵免、准备金税额列支、应纳税所得额的减免、加速折旧等。对于技术含量较高的中小企业，其购置或租赁的仪器设备所发生的所得税，可以享受一定比例的税收减免优惠。中小企业可以将营业利润的16%作为企业投资资金使用，提取的16%的营业利润享受免税优惠。对于中小企业购进、生产并投入使用的符合条件的新机器、新设备，日本政府允许企业享受特殊折旧政策，即在正常折旧的标准下，可以增加一期期初折旧，期初折旧额为购进资产的30%。

4.激励信息产业的税收优惠

除了一般行业技术创新税收激励政策以外，日本政府对于信息产业还有专门的税收优惠措施，主要包括以下几点：

(1)可以将软件收入的50%作为软件开发的免税准备金，该部分金额可以在税前扣除。

(2)允许将软件工程师培训支出的20%以及销售收入的2.5%列作意外损失准备金,在税前列支。

(3)在原享有优惠基础贷款的基础上,可以再享受25%的税务科研贷款。

(4)购置用于基础技术开发的资产,免征7%的税收。[①]

(三)法　国

法国企业的基准税率为35%。税收减免后,本土公司支付的实际税率中位数为25%,跨国公司的实际税率平均为23%(见表7-2)。法国国民议会通过的2017年政府财政预算案中提出将新设28%的中档企业所得税税率,适用于年收入在38120～75000欧元的企业。

表7-2　　法国企业所得税税率

类型	税率(%)
企业基准税率	35
本土公司实际所得税	25
大型跨国公司实际所得税	23

资料来源:贸易经济网站(https://zh.tradingeconomics.com)。

法国主要通过减免税、分摊折旧、亏损结转等企业所得税税收优惠方式来鼓励企业的技术创新。

1.激励企业研发的税收优惠

法国税法允许费用化的研发支出可以从当年应纳税所得额中直接扣除,而对于资本化的研发支出,尽量减少资本化的摊销年限。法国不断扩大研发的扣除范围,鼓励企业不断加大研发支出。而当企业亏损时,即当年发生的研发支出不能在当年全部税前列支时,可以选择向后结转5年,或者向前结转3年,若在5年后依然存在未抵扣完的部分,可以申请所得税的退税。关于亏损结转,法国企业普通经营损失和折旧摊销实行统一政策,两者都可以向后无限期结转。法国税制规定对于技术创新型的"产学研"联合项目的资金投入,可以加倍抵减应纳税所得额,促进"产学研"体制的改进与企业技术创新水平的提高。

---

① 参见张义忠、汤书昆:《高新技术产业税收优惠制度的基本原则探析——以法律原则为分析视角》,《科学学研究》2007年第5期。

2. 激励企业设备更新的税收优惠

法国对用于研发的固定资产允许采用余额递减法加速折旧，税法允许该部分固定资产在原有折旧额基础上上浮 20%提取折旧，促进企业及时更新设备，加速回收成本，同时提升技术创新能力。

3. 促进科技成果产业化的税收优惠

法国规定针对创新型企业，成立不满 8 年的，且研究费用占比高于 15%的，从设立后盈利起，可以享受“三免两减半”的税收优惠待遇；同时在 6 年内不再分摊社会保障税，随后的 4 年内还可以得到 50%的税收优惠。这种税率优惠降低了新设创新企业的税负，提升了企业技术创新能力，推进了科技成果产业化。

4. 激励中小企业技术创新的税收优惠

在激励中小企业技术创新方面，法国对中小企业增加的研发支出，都可享受不同程度的减免税。同时对中小企业以专利等无形资产获得的收益可以推迟五年纳税。中小企业为改进质量和工艺首次发生的咨询费用，政府最多能为企业承担 80%的咨询费用。这些具体的可操作的税收优惠政策可以使中小型企业切实获得技术创新的实惠。①

(四)澳大利亚

从 2016 年 7 月 1 日起，澳洲政府将小企业的营业额门槛（Turnover Threshold）从 200 万澳币上调到 1000 万澳币。这也就是说，将会有更多的企业被划入小企业的行列中，享受与小企业相关的减税优惠政策，新的企业税税率降低至 27.5%（此前所有企业税均为 30%）。从 2017 年 7 月 1 日起，年营业额低于 2500 万澳元的企业将享受 27.5%的企业税。

澳大利亚为了刺激企业技术创新，政府提供了优惠力度很大的创新政策，资本所得税不再征收，同时不断削减所得税率，这些措施一定程度上提高了企业技术创新能力。从具体政策来说，澳大利亚政府采取的激励创新的税收优惠措施以研发投入抵减应纳税所得额为主。

1. 激励企业研发的税收政策

从 2011 年 7 月 1 日开始的纳税年度起，研究和开发支出执行新的税收抵免政策。年营业额在 2000 万澳元以下的公司可以享有 45%的可退税抵免额，相当于 150%的优惠扣除。这意味着可以为公司每一澳元研发支出节约 15%的资金，而且如果当年公司税收负担为负，还可以退税；年营业额

---

① 参见赵俊杰：《国外政府促进大众创新创业的政策措施》，《全球科技经济瞭望》2016 年第 1 期。

在 2000 万澳元以上的公司可以享有 40％的不可退税抵免额，相当于 133％的优惠扣除，这意味着可以为公司每一澳元研发支出节约 10％的资金。一般来说，只有在澳大利亚开展的研发活动才可以享受该优惠待遇。

2. 促进风险资本投资的税收优惠

澳大利亚设立专门针对共同发展基金的风险资本投资的税收优惠政策。共同发展基金是投资公司为中小企业提供股权资本而设立的，其来源于中小企业的所得适用 15％的企业所得税税率。共同发展基金收到已经缴纳公司所得税的股息允许归集抵免，同时从共同发展基金获取的股息可以免税，转让共同发展基金股权收益也给予免税待遇。此外，企业发生的经营净亏损，若具有 50％以上的最终持股且具有连续性或者属于同一项业务，则营业损失可以无限期向后结转。①

(五)韩　国

2012 年之前，韩国企业所得税法规定 2 亿韩元的应税收入税率为 10％，超过部分税率为 22％，自 2012 年起，22％的税率下降为 20％。100 亿～1000 亿韩元部分适用税率为 10％，中小型企业适用 7％的固定税率。韩国激励企业创新的税收优惠政策主要有以下几个方面：

1. 对企业研发的税收优惠

韩国制定了技术开发有关的准备金制度，提取比例介于收入总额3％～5％，同时明确在投资前期可计入损耗，可以在 3 年内计提使用。研究和人力资源开发抵免方面，规定对于大公司，当年研究和人力资源开发支出超过前 4 年平均水平部分的 40％和当年研发支出比率(不超过 6％)就高抵免；对于中小企业，当年研究和人力资源开发支出超过前 4 年平均水平部分的 50％和当年支出的 25％就高抵免。高成长行业和基础技术领域企业的研发支出抵免方面，大公司抵免额为该项研发支出的 20％，中小企业为 30％。基础设施投资抵免方面，规定投资于技术和人力资源开发基础设施，最多可以按照其总价款的 10％抵免。

2. 激励企业设备更新的税收优惠

韩国对于研究实验用设备的投资给予 5％的企业所得税税金抵免，同时该设备可以申请加速折旧或者缩短折旧年限，激励企业研发设备更新和技术升级。

---

① 参见孙隆英:《企业研发费用税收政策的国际比较》,《国际税收》2014 年第 11 期。

3.促进科技成果产业化的税收优惠

韩国为了促进新技术的产业化，在企业的新技术产业化当年，按照投资的一定比例，从企业的应纳税所得额中予以扣除，或者将该部分作为特别折旧计入损耗之中，从而减小企业所得税的计税基础。

4.激励中小企业技术创新的税收优惠

对于中小风险投资企业和技术创新型的企业，政府专门制定了特殊的税收优惠政策。在所得税方面，购置机器设备等企业资产，可以按照购置额的3%抵免个人所得税或公司所得税；新建符合条件的中小企业，可以自新建企业首次实现盈利年度起享受4年减半征收个人所得税或公司所税。此外，在大城市内的中小企业，根据其行业不同，可以享受10%和20%的个人所得税和公司所得税的减征优惠，其他地区的可以减15%～30%；中小企业购买专利权和实用新型权，最多可以按照总价款的7%享受税收抵免。风险投资公司投资于新建中小企业的资本利得不予征税。这些政策的实施促进了中小技术集约型企业与风险投资企业的发展。[①]

(六)新加坡

新加坡企业所得税的税率标准为17%，其中正常应税所得在0～10000新加坡元的部分可享受75%的税收减免，10001～30000新加坡元的部分可享受50%的税收减免，剩余部分必须就其全部所得额按17%的税率缴纳企业所得税(见表7-3)。

表7-3　新加坡企业所得税税率

企业所得税税率(%)		17
分支机构税率(%)		17
预提税税率(%)	股息	0
	利息	15
	特许权使用费	10
	分支机构汇回利润	0
经营损失(年度)	向前结转	1
	向后结转	无期限

资料来源：贸易经济网站(https://zh.tradingeconomics.com)。

① 参见《韩国的公司税率是如何规定的》，2019年5月31日，http://www.sohu.com/a/317858182_570232。

新加坡十分重视企业技术创新的培育和提升，相关的企业所得税税收优惠政策主要有免税及低税率政策、投资抵免政策、加速折旧政策及研发支出的加计扣除政策等。

1.激励企业研发的税收优惠

对于企业和科研机构在新加坡境内发生的研发经费，允许加计50%扣除。如果研发符合生产改革创新方案要求，则将进一步加大研究开发费用扣除力度。公司生产高科技产品、提供符合条件的劳务，可以享受5～15年的创业期免征公司所得税优惠。创业优惠结束以后，从事高附加值项目的公司扩展和升级其业务的，可以申请适用一定期限(不超过10年)的不低于5%的公司所得税优惠税率。投资于符合条件的项目和活动取得的利润，在不超过5年的期限内，可以按照规定比例免征公司所得税优惠。新加坡还实施了生产力和创新抵免计划，根据该计划，研究开发设计和购买知识产权等六类活动发生的合理支出允许按照400%的比例在公司所得税前扣除。

2.激励企业设备更新的税收优惠

通过加速折旧，新加坡鼓励企业进行设备的更新。确定折旧基础时可以按照机器设备价值的20%享受最初扣除，对于计算机、机器人、持续发生器和规定的自动化设备等可以在投入使用的当年100%折旧。这些政策对促进企业固定资产更新具有较好的推动作用。

3.促进科技成果产业化的税收优惠

新加坡政府一直注重对于引进技术的消化和再创新。在企业所得税税制上对于拥有高新技术的企业给予了一定程度的税收优惠。高新技术的企业在新加坡建厂，可享受5～10年内减免33%的所得税的优惠；而对于那些具有先进技术成果的企业，可以享更大程度的税收优惠政策，如具有先进科技成果的企业，在原有投资的基础上增加投资，该企业可以申请减免其至少10%的企业所得税，该税收优惠有效期为5年，除此之外，其将资金投资于经批准的技术创新项目，可以享受减免20%的企业所得税的税收优惠。只要股权变化不超过50%，企业的经营亏损允许无限期向后结转。[①]

(七)印　度

印度的法定企业所得税税率为34%，但跨国公司实际支付的税率中位数仅为17%，本土公司则为22%(见表7-4)。政府在税收政策上，主要采用

① 参见许强:《激励企业技术创新的财税政策:国际经验及启示》,《国际税收》2014年第7期。

研发费用加计扣除、税收减免、加速折旧等方式来促进企业研发,激励企业技术创新。

表 7-4 印度企业所得税税率

类型	税率(%)
法定企业所得税	34
本土公司实际所得税	22(中位数)
大型跨国公司实际所得税	17(中位数)

资料来源:贸易经济网站(https://zh.tradingeconomics.com)。

1.激励企业研发的税收优惠

在研发费用扣除方面,经有关当局批准,经营特定业务的公司从事研发活动的支出可以享受加权税收扣除,扣除比例从150%提高到了200%;核准的研究机构从事统计研究等的支出,也可以享受125%的加权扣除;向国家实验室、核准的研究协会、大学和印度技术研究院的捐赠扣除,由175%提高200%。此外,印度对长期风险投资机构的资本收益给予免税。

2.激励企业设备更新的税收优惠

在新设备折旧方面,企业若采购本国设备,可以按照基准折旧上浮40%的折旧速度加速折旧,这项政策不仅可以激励企业进行固定资产更新,而且对于保护本国产业也起到了推动作用。

3.激励软件行业的税收优惠

除了一般性的促进企业技术创新的政策外,印度政府十分重视发展软件产业。为软件行业的技术创新设立了很多税收优惠政策,这有力地推动了印度软件行业的快速发展。

二、激励创新的国际企业所得税税收优惠政策的共同点

(一)激励企业研发的税收优惠

创新型国家对于企业研发一般都有加计扣除所得税的规定,若当年无盈利,可以往后推迟一定年度在税前扣除,在规定年限内未抵扣完的部分还能享受退税政策。并且部分国家在加计扣除的基础上,对于部分新增研发费用可以直接冲减当期的应纳税所得额或者新增部分能够享受一定比例的所得税的抵免。对于借助科研机构进行的研发费用,也可按照全额或者一

定比例扣除。企业研发的税收优惠政策对企业技术创新产生了较大的推动作用。

(二)激励企业设备更新的税收优惠

为了激励企业的设备更新,鼓励其投资新设备。创新型国家允许企业按照设备投资额的一定比例直接抵减应纳税所得额,或者按照设备投资额的一定比例直接减免应纳税额。除了投资减免政策以外,对于技术研发的设备,还允许加速折旧,可以按照基础折旧上浮一定比例进行折旧或者直接允许缩短设备折旧年限。

(三)促进科技成果产业化的税收优惠

为了鼓励科技成果的转化,创新型国家对于企业的创新收入给予一定的税收优惠,推动企业创业初期的科技成果产业化。同时对于企业科技成果的转移也会给予免除流转税的税收优惠政策。这些税收优惠政策对企业的技术成果产业化产生重要的激励作用。

(四)激励中小企业和特定行业创新的税收优惠

中小企业是创新的重要主体,同时通过扶持创新型行业可以带动整个经济的发展。因此对于中小企业和创新型行业,创新型国家一般都会额外给予针对他们的税收优惠措施。这些税收优惠包含对企业研发的税收优惠、激励企业设备更新的税收优惠、促进科技成果产业化的税收优惠等。并且针对这些中小企业和特定行业,税收优惠的力度会比一般企业及一般行业更大,这对于激发中小企业技术创新及促进特定行业的发展具有重要意义。

三、案例分析——欧洲专利盒①

(一)专利盒介绍

1.专利盒模式的发展背景

专利盒制度最初是欧洲国家为了鼓励企业将专利技术应用于生产实践的一种税收优惠制度,对企业从自主性专利或专利许可应用中的所得适用优惠税率。专利盒的优惠税制的产生之初,便能以其独有的能够促进专利

---

① 参见王鸿貌、杨丽薇:《欧洲十二国专利盒制度的比较与借鉴》,《知识产权》2016年第4期。

市场化、催化专利的产出效益，提高国家核心竞争力，从而受到世界各国的重视，被誉为“技术创新者”的新福音（见表 7-5）。

表 7-5 专利盒制度的 SWORT 分析

优势（S）	劣势（W）
鼓励创新，促进企业 R&D； 实现技术转让和知识产权商品化； 阻止本国专利技术流失，吸引外国资本投资； 创造更多高价值的就业机会； 弥补市场失灵	企业知识产权实际创造地与征税地有偏差； 国家税基侵蚀； 企业间不公平竞争
机遇（O）	**威胁（T）**
基于 BEPS 项目，意大利制定了“专利盒”制度法令； BEPS 项目促进英国的新专利盒条例生成，扩大 R&D 成果的“成本分摊安排”范围； 欧盟结合 BEPS 项目内容，统一电子出版物与传统出版物的增值税税率（VAT），促进数字经济发展	双边税收协定引发来源国与居民国的竞争； BEPS 项目原则与各国主权本质属性相冲突

2. 专利盒制度的特点

企业投入人力、物力进行研发，结果有两种情况：一是研发成功，取得专利权、版权等权益；二是研发失败。如果是前者，那么研发企业会将成果进行转让或者自用，研发有了回报。如果是后者，则前期的研发投入没有获得回报，发生的成本被称为“沉没成本”。如图 7-1 所示：

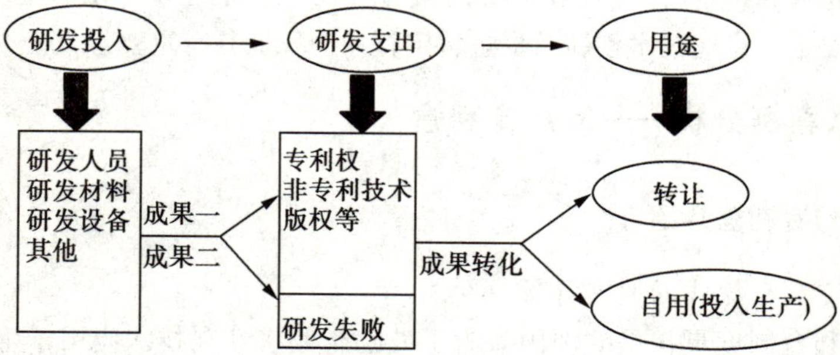

图 7-1 研发投入成果分析

在创新的第一阶段，规定企业可以从应纳税所得额中扣除所发生的研发支出的一定比例，即研发税收抵免；而在创新的第二阶段，政府可以使用

“专利盒”制度，即允许企业研发成果转让时适用较低的税率或者允许一定数额的转让收益免税。因而“专利盒”计划的目的主要在于激励研发之后的商业活动而不是研发活动本身。

(二)欧洲专利盒①

1. 英国的专利盒制度

英国 2013 年推出专利盒制度，该制度是英国政府经济增长计划的组成部分，意在激励企业在英国境内将专利商业化，阻止创新型企业的知识产权流向国外，从而保持英国在专利技术方面的世界领先者的地位。

英国专利盒税制一经实施，对国内外创新企业和高新制造业产生了极大的吸引力，例如，德国企业在英国注册的专利数量就增加了 27%。虽然由于专利盒制度的实施会造成本国近期税收收入的减少，但从长期来看，由于专利盒制度的实施提高了企业的科技创新能力，不仅会提升整个国家的科技实力，而且会给国家带来更大的税收利益。因此，欧洲越来越多的国家相继开始实施专利盒制度。

2. 其他欧洲国家的专利盒制度

法国于 2000 年制定了专利盒制度，并于次年开始实施，是最早实施专利盒制度的国家。2005 年和 2010 年又两次进行了修改，目前法国对符合条件的知识产权项目转让与商品化收入适用 15%的优惠税率，远低于普通商品或服务适用的 33.10%～38.00%的一般税率。

匈牙利在 2003 年也规定对符合条件的知识产权特许权使用费和转让所得在征税时可从总收入中减除 50%。

比利时于 2007 年出台的专利盒制度规定，专利所得减征 80%，只有 20%被征税，相当于有效税率 6.8%(20%的专利所得乘以 33.99%的比利时法定税率)，另外，除了专利有关的许可证费以及专利的摊销外，绝大多数费用都是可以从专利所得中减除的。这些费用以及可以获得的其他减除(如亏损向前进行结转、研发税收抵免等)可能会将专利所得的有效税率降至零。

卢森堡专利盒制度于 2008 年 1 月 1 日生效，该计划规定对于 2007 年 12 月 31 日之后获得或研发的符合条件的知识产权，因其被使用而获得的净所得免公司所得税 80%。因此，只有所得的 20%被征税，实际有效税率为 5.76%。

---

① 参见王鸿貌、杨丽薇：《欧洲十二国专利盒制度的比较与借鉴》，《知识产权》2016 年第 4 期。

3.欧洲专利盒制度的相同点

欧洲国家的专利盒制度在适用范围、优惠税率、计税依据、研发支出等方面的税收处理虽然存在着明显的区别,但也存在许多共同点。具体如下:

第一,在适用的范围上,这些国家都一致同意将专利盒制度适用于该制度实施之后的知识产权项目,这表明这些国家都希望利用该制度来促进本国新研发的知识产权项目的转化。

第二,在适用的收入类别上,由于特许权使用费是知识产权项目商品化的主要收入来源,故这些国家的专利盒制度都适用于特许权使用费。

第三,在适用的税率上,大部分国家都对该制度的适用对象实行优惠税率。

4.欧洲"专利盒"制度的意义

欧洲国家推行的专利盒制度,不同于只关注专利的发明,忽视专利的应用,把税收优惠的重点放在对专利市场化的激励上,有力地提高了企业对专利转化的热情,进而促进创新产品的生产,提高经济的国际竞争力。

(三)我国的类专利盒

我国是专利发明大国,但在专利成果转化上却远远落后欧美国家,其中一个重要的原因,就在于我国现行知识产权优惠税制主要适用于专利的发明而非专利的应用。如何实现知识产权转化的税制立法,已成为我国推进专利市场化的重要问题。

从具体内容看,我国的类专利盒制度具有以下特点:

一是适用主体特定。享受优惠的主体必须是《企业所得税法》规定的居民企业。

二是技术范围广泛。与国外专利盒制度所包含的 IP 相比,我国的技术范围较为广泛。

三是收入项目多元。技术转让收入的范围不局限于技术所有权属变更所形成的收入,与技术转让密不可分的技术咨询、技术服务与技术培训收入也列入享受优惠的收入项目。

(四)中欧专利盒政策对比与借鉴

通过分析欧洲国家由专利盒推及知识产权优惠税制的经验,结合我国专利优惠税制重视专利发明而忽视专利应用,难以推动专利市场化并使众多专利"束之高阁"的现状,可以得出,我国专利优惠税制的改革应在国家知识产权创新战略的指导下，尽快实现从“专利发明激励”向“专利应用激励”的转型，从“专利激励”向“知识产权激励”的转型，促进众多包括专利在内的知识产权走向市场，成为知识产权产业化的源动力。

1. 中欧专利盒政策的对比

(1)优惠形式不同

欧洲各国的专利盒制度规定了免税的比率，因而能够直接确定该国的实际税率，而我国规定允许从企业技术转让所得中减除一个固定数额后计算纳税，企业所得额不同，各企业适用的实际税率不同：当纳税人的所得额比较高时，采用比例减除的办法对企业有利；否则采用定额减除的方法对企业比较有利。

(2)优惠时间不同

有的国家比如法国从 2001 年开始实行，匈牙利从 2003 年开始实行。我国 2008 年企业所得税两税合并前也有过类似政策，目前实行的政策始于 2008 年，2009 年、2010 年、2013 年又分别发文进行了补充。

(3)符合条件的范围不同

欧洲各国的专利转让所得均可享受企业所得税优惠，其他所得能否享受税收优惠的规定则不尽相同，总的来看，我国的范围最为广泛。

(4)是否有上限规定不同

有的国家有上限规定，限额或者根据转让所得或者根据研发过程中所发生成本支出为依据确定。比如：西班牙的优惠限额为研发过程中所发生成本支出的 6 倍；我国和欧洲一些国家如法国、卢森堡、荷兰、英国则没有限额的规定。

2. 我国与欧洲相比专利盒制度的不足之处

一是加速折旧与加计扣除“非排除适用”，加大了优惠力度，与国外相比更为科学、合理，但执行中仍存在以下几个突出问题：

①对“专门用于研发活动的仪器和设备”缺乏解释，容易引发税企争议，建议尽快出台相关政策给予明确界定。

②对于采购价格十分昂贵的高端精密机器与设备，以 100 万元为标准缺乏政策吸引力，建议在充分调研的基础上考虑进一步提高标准。

③对加速折旧与加计扣除的确认口径不一致，加大了企业纳税申报的工作量，也加大了税务机关后续跟踪管理的难度。建议将二者口径进行统一，允许按照税收上确认的加速折旧额计算加计扣除。

④适时将专利优惠税制扩大适用于研发型的知识产权领域。我们可以

借鉴爱尔兰等欧洲国家的做法，将专利优惠税制适用的范围扩大至研发型的知识产权领域。

二是我国类专利盒适用主体范围过窄。目前该项制度的适用主体限定于居民企业，而随着跨国企业商业模式与经营模式的变革，越来越多的外国企业在我国设立了非独立法人性质的研发中心，并承担了研发转化工作，将该类构成“常设机构”的主体排除在优惠政策之外，不利于研发活动的全球化推广，也降低了我国税制的吸引力。

3. 欧洲专利盒制度的借鉴

(1)尽快建立统一的专利研发和转化的税收立法

从现代专利制度的价值取向上看，应当贯彻“研究开发与应用开发并重且以后者为重点”的税收优惠原则。

①扩大专利所得的范围。将“符合免征、减征企业所得税条件”的专利技术所得扩大至专利转让所得、许可所得以及专利产品所得等，同时将临时与专利绑定的所得排除在专利相关所得之外，如此才能在计算技术转让所得的过程中保证专利优惠税制对专利市场化行为的全面激励，并确保专利相关所得与企业应用开发专利的实质行为息息相关。

②将符合要求的专利所得界定为“专利相关的所得”，税收优惠导向从“激励专利发明”向“激励专利应用”转型。

③降低专利优惠税制的税率。我国的优惠税率并不具有国际竞争力，无法对技术型企业形成足够的吸引力，也难以保障本国专利技术不流向境外。因此，我国应在财政状况许可的情况下，进一步降低专利的优惠税率，推进我国专利市场化。

(2)将税收优惠的重点转向关键技术的专利市场化

可以考虑引入英国财政部推广专利盒优惠税制的“三步法”，计算出企业一个纳税年度的专利所得，并将其作为优惠税率所对应的税基。

(3)合理设置企业技术转让税收优惠的具体内容

我国技术转让税收优惠制度的目的应是鼓励企业进行技术创新和技术商品化，因此，围绕这两大目标，我们可以借鉴欧洲国家专利盒制度的具体设计，对我国企业技术转让所得税收优惠制度的具体内容进一步补充和完善。

四、创新战略下国际企业所得税制度借鉴

企业是实施创新驱动发展战略的重要载体，企业技术创新是建立创新

型国家的基础，也是经济可持续发展的保障。在企业所得税税收政策方面，应该借鉴并做到以下几点：

1.激励企业技术研发

加大企业研发投入的税收优惠力度，提高研发支出加计扣除的比例，延长不足抵扣的加计扣除部分的结转时间或给予一定的税收返还。

2.激励企业设备更新

允许企业按照设备投资额的一定比例直接抵减应纳税所得额，或者按照设备投资额的一定比例直接减免应纳税额。除了投资减免政策以外，对于技术研发的设备，允许加速折旧，可以按照基础折旧上浮一定比例进行折旧或者直接允许缩短设备折旧年限。

3.促进科技成果产业化

对于企业的科技成果转化收入给予一定的税收优惠，推动企业创业初期的科技成果产业化。实施“产学研”合作的财税政策支持，鼓励企业通过集群的方式，组建研发合作网络，实现创新资源的优势互补。鼓励与大型企业和外资企业密切合作，分享创新经验，加速中小企业技术升级。对于合作各方，提供所得税的税收优惠，或者仿效澳大利亚税制的做法，不仅对于每年的技术研发费用可以按照150％加计扣除，而且对于今年的研发费用超过之前3年平均研发的部分，可以按照175％或者按照200％加计扣除。

4.激励中小企业和特定行业

中小企业和创新型行业是科技创新的重要主体，由于他们面临的创新环境更为艰难，可以额外给予针对他们的税收优惠措施。特别是加大对前端创新投资的激励力度，对企业技术入股的自然人给予延期纳税，降低小微企业适用的优惠税率和优惠标准等，增强优惠政策的可操作性。

第八章　创新战略下我国企业所得税改革研究

引　言

党的十九大报告明确指出要建立以企业为主体、市场为导向、产学研深度融合的技术创新体系，加强对中小企业创新的支持，促进科技成果转化。创新活动的高风险性、外部性、不确定性等特点，决定了企业在一定程度上需要政府介入和政策扶持。税收政策作用于企业，能够有效矫正企业R&D的外部性，降低企业自主创新的投资风险，缓解创新的资金压力，因此税收优惠政策成为弥补市场失灵的重要方式，是促进企业自主创新的重要战略手段之一。当前我国出台了一系列税收优惠政策来促进企业自主创新，基本是以企业所得税为主。但税收政策具有时效性和局限性，因此促进企业创新的税收政策仍需完善。

国内企业所得税税收政策与创新相关的研究角度主要有：从税收激励政策的实施效果出发讨论其对我国企业技术创新的影响；当前实施的促进科技创新的税收激励政策存在的问题；从国际比较的角度探讨我国税收优惠政策与发达国家的差异并提出改进建议。主要研究成果如下：

税收激励政策实施效果方面。唐颖琦(2015)选取75家浙江省上市高新技术企业2010～2014年的375个样本数据，从所得税优惠对创新投入激励效果、所得税优惠对创新产出激励效果、所得税优惠方式、所得税优惠对创新外部性的激励效果四方面，分别采用面板数据的混合OLS估计和单年数据的简单线性回归进行分析，得出企业所得税优惠对创新投入、产出和外部性均有激励效应。陈林峰(2017)以天津市国家税务局落实激励企业技术创新优惠政策情况为例，指出简洁明确的税收优惠政策引导企业加大研发创新力度成效明显，而设计复杂的优惠政策一般不易被企业理解运用。刘楠楠(2017)对企业的研发投入与税收收入、财政补贴的相关性进行分析，发现税收优惠政策对企业自主创新的研发投入具有正向促进作用，但是税收政策的作用具有一定的滞后性。

促进科技创新的税收激励政策存在的问题方面。胡耘通、徐东云(2018)发现我国缺乏专门针对企业科技创新的系统性税收政策体系，对初创期企业税收优惠力度不够；促进企业科技创新的普惠性政策力度不足，针对企业科技创新的特惠性条款较狭窄；对企业科技创新人力资本的激励力度不够。包健(2017)分析了我国科技创新税收激励政策存在的问题，提出增加科技创新投资的前端税收激励、强化对科技创新成果转化环节的税收激励、优化科技创新的税收激励形式等政策建议。

国际经验借鉴方面。胡勇辉、罗淑琴、黄黎明(2016)介绍了英、美、德、日等发达国家为鼓励创新制定的企业所得税优惠政策，并从扩大优惠范围、创新优惠政策工具、引入递延所得税制度以及强化行业性优惠四个方面提出完善促进创新的企业所得税优惠政策建议。田效先(2016)通过对发达国家企业所得税发展趋势的研究，指出我国应继续维持当前企业所得税收入规模，小幅降低税率以保持税收竞争力，完善小微企业税收优惠政策的设置，降低促进技术进步税收优惠政策的门槛。

总的来说，目前国内讨论企业技术创新与企业所得税税收激励之间关系的文献，多数都肯定了企业所得税税收激励措施实施的必要性，但认为我国的企业所得税税收政策仍存在诸多不完善之处。本书将对目前我国的企业所得税激励创新的税收优惠政策进行梳理，分析激励创新的企业所得税税收政策存在的不足并提出改进建议。

一、我国激励创新的企业所得税优惠政策总结

目前，我国企业所得税中促进创新的税收优惠政策主要包括加计扣除、加速折旧、投资抵免、税率优惠、税额减免等，具体优惠政策如表 8-1 所示。

表 8-1　　我国现行促进创新的企业所得税政策

条目	政策
加计扣除	企业为开发新技术、新产品、新工艺发生的研究开发费用，未形成无形资产计入当期损益的，在按照规定据实扣除的基础上，按照研究开发费用的50%加计扣除；形成无形资产的，按照无形资产成本的150%摊销。
	科技型中小企业开展研发活动中实际发生的研发费用，未形成无形资产计入当期损益的，在按规定据实扣除的基础上，再按照实际发生额的75%在税前加计扣除；形成无形资产的，在上述期间按照无形资产成本的175%在税前摊销。
加速折旧	企业拥有并用于生产经营的主要或关键的固定资产，由于技术进步，产品更新换代较快或常年处于强震动、高腐蚀状态的需加速折旧的，可以缩短折旧年限或者采取加速折旧的方法。
	对生物药品制造业，专用设备制造业，铁路、船舶、航空航天和其他运输设备制造业，计算机、通信和其他电子设备制造业，仪器仪表制造业，信息传输、软件和信息技术服务业等6个行业的小型微利企业2014年1月1日后新购进的研发和生产经营共用的仪器、设备，单位价值不超过100万元的，允许一次性计入当期成本费用在计算应纳税所得额时扣除，不再分年度计算折旧；单位价值超过100万元的，可缩短折旧年限或采取加速折旧的方法。
	对所有行业企业2014年1月1日后新购进的专门用于研发的仪器、设备，单位价值不超过100万元的，允许一次性计入当期成本费用在计算应纳税所得额时扣除，不再分年度计算折旧；单位价值超过100万元的，可缩短折旧年限或采取加速折旧的方法。
投资抵免	创业投资企业采取股权投资方式投资于未上市的中小高新技术企业2年以上的，可以按照其投资额的70%在股权持有满2年的当年抵扣该创业投资企业的应纳税所得额；当年不足抵扣的，可以在以后纳税年度结转抵扣。
	企业购置并实际使用列入《目录》范围内的环境保护、节能节水和安全生产专用设备，可以按专用设备投资额的10%抵免当年企业所得税应纳税额；企业当年应纳税额不足抵免的，可以向以后年度结转，但结转期不得超过5个纳税年度。

续表

条目	政策
优惠税率	国家需要重点扶持的高新技术企业，减按15%的税率征收企业所得税。
	对设在西部地区的鼓励类产业企业减按15%的税率征收企业所得税。
	以境内、境外全部生产经营活动有关的研究开发费用总额、总收入、销售收入总额、高新技术产品(服务)收入等指标申请并经认定的高新技术企业，其来源于境外的所得可以享受高新技术企业所得税优惠政策，即对其来源于境外所得可以按照15%的优惠税率缴纳企业所得税，在计算境外抵免限额时，可按照15%的优惠税率计算境内外应纳税总额。
	对符合条件的科技型小型微利企业，可减按20%的税率征收企业所得税。
	对生产线宽小于0.8微米(含)集成电路产品的生产企业，经有关部门认定后，自获利年度起，第1年和第2年免征企业所得税，第3～5年减半征收企业所得税；投资额超过80亿元人民币或集成电路线宽小于0.25微米的集成电路生产企业，可以减按15%的税率缴纳企业所得税，其中，经营期在15年以上的，从开始获利的年度起，第1～5年免征企业所得税，第6～10年减半征收企业所得。
	经认定的技术先进型服务企业，减按15%的税率征收企业所得税。
税额减免	全国范围内的居民企业转让5年(含5年)以上非独占许可使用权取得的技术转让所得，纳入享受企业所得税优惠的技术转让所得范围。居民企业的年度技术转让所得不超过500万元的部分，免征企业所得税；超过500万元的部分，减半征收企业所得税。
	对符合非营利组织条件的大学科技园、科技企业孵化器从事非营利活动取得的收入，可按规定作为免税收入。
	一个纳税年度内，居民企业技术转让所得不超过500万元的部分，免征企业所得税；超过500万元的部分，减半征收企业所得税。
	我国境内新办的符合条件的软件企业，经认定后，在2017年12月31日前自获利年度起计算优惠期，第1～2年免征企业所得税，第3～5年按照25%的法定税率减半征收企业所得税，并享受至期满为止。
职工教育经费扣除	对认定的高新技术企业、技术先进型服务企业发生的职工教育经费支出，不超过工资薪金总额8%的部分，准予在计算企业所得税应纳税所得额时扣除；超过部分，准予在以后年度结转扣除。

资料来源：中国注册会计师协会：《税法》，中国财政经济出版社2019年版，第229页。

二、我国促进创新的企业所得税税收政策存在的问题

(一)税收优惠政策缺乏普惠性

1.创新范围狭窄

从优惠的范围来看,我国可以享受企业所得税税收优惠政策的创新范围狭义,没有将管理创新、生产创新、运营模式先进等考虑在内。如今互联网飞速发展,仅凭技术创新难以在激烈竞争中长久发展,物流行业、网络购物等新兴经济体的蓬勃发展也印证了商业模式和管理模式的改革同样能够提高经济活力,实现经济增长方式的转变。单一对技术创新进行税收优惠激励,不利于全面而充分地发挥创新在产业转型升级中的引领作用。

2.优惠对象具有选择性

从优惠的对象来看,我国促进企业自主创新的税收优惠政策的优惠对象具有选择性。主要集中在软件、集成电路、科研设备、科技企业孵化器等高新技术领域,研发费用加计扣除政策要受行业或技术领域的限制。

3.优惠门槛高,缺乏普惠性

从优惠的条件来看,门槛较高,缺乏普惠性。区域性优惠主要针对西部大开发区、科技创新产业开发区、创新产业孵化园区、高新技术产业园区,只有在国务院规定的区域内才能享受优惠。行业性优惠涉及高科技产业、技术先进型服务企业、软件、集成电路等,主要意图是调整产业政策、促进经济转型、保护环境等战略性安排。

具体来说,特惠性突出体现在税收优惠政策门槛高、享受研发费用加计扣除优惠的行业及技术有限。首先,税收优惠进入门槛高。国家对于重点扶持的高新技术企业、软件企业和集成电路设计企业实行优惠税率、税收减免的激励方式,但前提条件是满足一系列认定标准。如国家重点扶持的高新技术企业可以享受15%的优惠税率,前提是满足成立时间、核心技术、科技人员的比例、研发费用比例及高新技术产品(服务)比例等诸多条件,这意味着只有少数创新型企业可以得到政策支持。虽然此前也有放宽认定条件、简化认定流程、缩短公示时间等措施,但与发达国家的“普惠制”原则仍有差距。同样,软件企业和集成电路设计企业在营业收入、研发人员等方面也有限制,税收优惠资格认定审批严格,无法较好地激发企业科技创新的积极性。其次,研发费用加计扣除政策受行业或技术领域限制。按照目前政策,科技型中小企业的研发费用及企业开发新技术、新产品、新工艺发生的

研发费用可按规定享受加计扣除优惠。列入加计扣除政策的范围仅限于《国家重点支持的高新技术领域》和《当前优先发展的高技术产业化重点领域指南》中规定的项目。

另外,许多企业无法享受加速折旧税收优惠,因为享受加速折旧的税收优惠是建立在盈利的前提下,而初期或成长期的企业盈利能力薄弱,甚至会出现亏损。如果企业在成熟期未能盈利或盈利空间较小,企业在5年内不能弥补,加速折旧只会导致企业增加亏损额而并不影响企业所得税的缴纳。尤其是国家重点扶持的集成电路生产企业,该类企业在成立时期或扩大规模的时期对设备需求较大,但是这时期企业没有获利,对加速折旧意愿不强,等到企业成长到可以获利时,又错过了企业享受加速折旧最佳时期,最终导致一些企业没能如愿享受该优惠。

总之,我国在高新技术企业认定、“双软”所得税优惠、研发费用加计扣除及加速折旧等方面限制条件较多,许多创新性企业无法真正从优惠政策中受益。而少数享受到优惠的企业会形成优势的累积,可能重复、叠加享受多种优惠政策,形成“强者总会更强,弱者反而更弱”的“马太效应”。

(二)激励中小企业的政策不足

中小企业科技创新机制灵活,市场适应能力强。许多发达国家的税收优惠都特别倾斜中小企业。在研发费用加计扣除方面,新加坡规定中小企业的加计扣除比例达到400%;在固定资产折旧力度上,美国政府将中小企业固定资产的折旧年限进一步缩短,最短可达到3年。此外,许多国家也给予中小企业优惠税率政策。如英国中小企业的公司所得税税率为20%,比大企业低10个百分点。可以看出发达国家在加计扣除、加速折旧、优惠税率等方面均对中小企业制定了“加强优惠”的政策,对中小企业的重视程度可见一斑。相比之下,我国针对中小企业的企业所得税税收政策优惠力度不足,加之中小企业自身经营能力、信息处理水平、执行能力不足以与大企业媲美,对优惠政策的申请和运用程度有限。

1.缺乏适用中小企业的系统化税收优惠体系

现行企业所得税优惠主要针对的是新技术企业和软件、集成电路等行业,中小企业涉及极少。这种“一刀切”的做法使高新技术企业的全部所得可以享受优惠,而非高新技术企业有创新项目的所得也无法享受优惠。更不用说大多数中小企业远达不到高新技术企业标准,由于不属于软件、集成电路等享受优惠的行业而被排除在外。因此目前企业所得税税收优惠政策激励对象有限，鼓励中小企业创新的效果甚微。

2.缺乏针对中小企业创新融资的税收优惠政策

由于中小创新型企业面临很高的风险，潜在投资者投资中小企业的可能性较低，这也就导致了中小企业的外部融资成本较高且不易获取。加上自身规模和资金的限制，造成了我国中小企业融资面临巨大困境，急需税收优惠政策给予支持。当前，虽然我国对于创业投资企业向未上市的中小高新技术企业的投资给予企业所得税税收优惠，但是将“中小”及“高新技术”标签绑定在一起，受益范围相对较小，大大限定了创投企业投资可获优惠的范围，削弱了对中小企业融资的支持力度。

3.缺乏针对中小企业的创新人才优惠政策

我国目前软件生产企业和集成电路设计企业发生的职工培训费用，可以按照实际发生的数额据实扣除，其他企业实行限额扣除制，即不能超过企业工资薪金的2.5%。对中小企业来说如果这一比例不能满足实际发生的培训费用支出，将会降低中小企业对科技人才培训的积极性，导致人才流失。

4.缺乏针对中小企业的研发费用加计扣除政策

在鼓励研发投入方面，由于中小企业研发及新产品投入市场的进程都很缓慢，极易发生亏损，故难以从现有的加计扣除政策中获益。发达国家对中小企业给予“加强优惠”，大企业仅能获得130%的加计扣除，但合格中小企业不仅可以获得经营性研发支出225%的加计扣除，而且当年不足扣除部分可以选择向后无限期结转或者申请税收返还。

（三）缺少对企业自主创新全过程的激励

技术创新是一个动态的系统过程，包括研究开发、成果转化以及产业化。每一环节都是不可或缺的关键阶段，存在高风险性和不确定性，所以有必要借助税收政策来保证企业自主创新全过程的顺利进行，而目前我国企业所得税税收优惠政策缺乏对企业自主创新全过程的激励。

1.研发阶段的税收政策优惠方式单一，激励效果不足

研发阶段的税收政策主要是研发费用的加计扣除，该政策当前对企业技术创新链前端支持力度较大，但存在扣除不充分的问题。例如科研人员的“五险一金”、专用于研发的仪器、设备的运行维护费等并不在加计扣除范围之内。其次是对创投公司实施投资抵免制度，投资企业的注册地被限定为京津冀等8个改革试验区和苏州工业园区，投资对象被限定为中小高科

技企业而非全部科技企业，设定门槛一定程度上降低了政策效果。

2.成果转化的税收优惠政策较少，优惠力度不足

在后期成果转化和产业化环节，目前只有企业技术转让所得500万元以内免征所得税、超过500万元减半征收所得税两项激励政策。我国对符合条件的技术转让所得的免税政策虽不断调整，但依然存在对成果转让的技术规定范围过窄，仅限于专利技术、计算机软件著作权、植物新品种等，一些随着科技发展而出现的新技术被排除在外，无法享受税收优惠。研发成果是企业自主创新的目标和风险载体，未来仍需加大对企业研发成果转化的税收优惠力度。

(四)税收优惠方式单一

目前我国企业所得税主要采用免征、减征和优惠税率等直接优惠方式激励创新，简便易行，缺点在于减税效应只有纳税人最终产生应纳税款时方能体现，无法惠及纳税人整个技术创新活动的全过程。间接优惠则注重事前扶持，有助于引导企业选择适宜的投资方向，如税收抵免、加计扣除和加速折旧等。目前我国企业所得税实行的税前扣除和加速折旧存在激励力度不足、条件限制严重等问题，而税收抵免运用范围狭窄，因此仍是以直接减免为主，间接减免的受惠范围有限。

企业创新不是一蹴而的，国际经验也印证了单一化的税收优惠政策无法使企业真正受益。应将直接优惠和间接优惠结合起来，综合运用多种税收优惠方式促进企业自主创新。首先，扩大税额抵免的范围。经济发展较好的经济体如OECD国家更可能倾向于选择税额抵免作为税收优惠政策的主要手段，原因在于税额抵免是直接对应纳税额进行扣减，其优惠力度相较于加计扣除和加速折旧更大。其次，完善加速折旧和加计扣除、发展“专利盒”政策。加速折旧和加计扣除政策同时也是“一带一路”沿线国家最为普遍采用的税收优惠手段。另外，“专利盒”制度也是近年来发达国家推陈出新引入的创新政策工具，我国也可以尝试借鉴。

三、创新战略下我国企业所得税制度完善建议

(一)构建普惠与特惠相结合的优惠体系

1.适当放宽享受优惠政策企业的限制条件

我们应重点关注企业主营业务是否属于高新技术行业，采用的生产工

艺、生产技术以及最终产品是否符合高科技的要求，而不是过多关注死板的财务指标、科技成果转化数量等数字。为了激励更多的企业参与科技创新，进而提高企业科技创新能力，有必要扩大国家规划布局内的重点软件企业和集成电路设计企业的认定资格和范围条件。

2.扩大研发费用加计扣除范围以及适用对象

可以考虑取消对技术先进型服务企业享受税收优惠的地域限制，尽可能将激励政策覆盖到所有区域。可以借鉴国际主流做法，对不同规模企业研发费加计扣除实行差异化政策，与此同时特别关注中小企业，进一步提高中小企业研发费加计扣除比例。同时对应税收入不足扣除的研发费用部分以现金形式进行税收返还或者允许无限期向后结转，加强对中小企业创新的支持力度，使其能够充分享受税收优惠政策。

3.简化加速折旧核算流程

对企业来说，加速折旧只是一个“先行扣除”的时间性差异，企业是否选择享受该优惠会综合考虑很多因素。为了促进更多的企业享受该优惠，增强企业科技创新能力，有必要给予企业明确的加速折旧适用条件和核算方法，减少税款差异，并降低相关人员可能承担的涉税风险等。

概括来说，我国需要加大普惠性政策优惠力度，扩大特惠性政策优惠范围，只有普惠与特惠政策相结合，才能形成严密而有针对性的政策体系，以最大化税收优惠政策的实施效果。

(二)加大对中小企业的扶持力度

1.加强中小企业融资方面税收优惠

可以借鉴国外经验，进一步改革和完善我国风险投资的税收优惠制度。为了鼓励潜在投资者投资中小企业，可以适当加大创业投资企业投资额的扣除比例，引导其他企业、机构对中小企业的资金投入，降低融资成本。对来源于银行等金融机构并运用于技术研发创新项目的贷款给予一定程度的税收优惠扶持，逐步降低中小企业享受风险融资税收优惠的限制条件，引导中小企业投资创新项目。

2.提高研发投入加计扣除比例

研发费用加计扣除应向中小企业倾斜，向中小企业提供更高的研发费扣除比例，可以考虑将研发费用加计扣除比率提高至200%。与此同时，对应税收入不足扣除的研发费用以现金形式税收返还，或者允许无限期向后结转，为中小企业研发资金提供现金流。

(三)增强创新激励政策的连续性

在研究开发环节,应取消对创投企业注册地点和投资对象的门槛限制,将税收优惠覆盖到所有地区的创投企业,将创投企业的投资对象从中小高新技术企业扩展到科技型企业或技术先进型企业。科技创新的特点决定了投资企业的利润回收期较长,因此,对投资企业的长期股权投资的投资收益和转让收益应给予较低税率,以吸引更多资金投入科技创新活动。

在科技创新成果转化环节,可以运用"专利盒"等创新性税收工具。在欧盟国家的实践下,"专利盒"是成果转化环节行之有效的手段,为了使之更充分地发挥效用,应该取消专利转让的地域和时间限制,扩大技术转让范围,放宽技术转让门槛。同时将专有技术、技术秘密等列入减免税范围,鼓励企业将专利自行商品化,进一步推动科技创新。

(四)直接优惠与间接优惠相结合

直接优惠方式与间接优惠方式两者各具特点,协调运用才可有效促进企业创新。因此,应综合运用税基减免、税额减免与优惠税率多种方式,并且注重投资抵免以及风险准备金制度等政策的运用及实施力度。

在加大投资抵免力度方面,可以采取的措施有:适度扩大投资抵免的适用范围,放宽费用列支的标准,对企业向非营利性科研机构、中小科技型企业以及其他国务院批准设立的鼓励自主创新的基金捐赠实行税额抵免,但不可否认税额抵免这一政策的实施需要考虑财政能力是否有效支撑。同时,也可考虑建立储备金制度,有利于减少资金占用时间。允许企业提取准备金用于研发活动,并就这部分准备金免税,而未使用的准备金在一定年限后须转回纳税。允许对技术开发准备金、新产品试制准备金、亏损准备金等在一定年限内结转使用,以减轻企业税收负担。

第九章 创新战略下国际个人所得税改革趋势与借鉴

引 言

个人所得税起源于18世纪的英国,最初是为应对战争、筹备战时军需而发展起来的。在此过程中,美国、德国、法国等国家也相继因为战争及军需物资的紧缺而逐渐建立起征收个人所得税的制度。第二次世界大战结束后,世界逐步进入和平状态,个人所得税也在各国以法律确立下来,后几经改革和完善,个人所得税确立起主体税种地位,在许多国家尤其是经济较发达国家已成为主要税收来源之一。

目前,国际上个人所得税的重要改革目标之一是激励个人和社会创新,激活经济发展的活力和提高经济发展质量。Kathleen(2018)通过研究美国1993年和2001年个人所得税税率的变化,用微观层面的数据来估计法定税率变化对小企业就业决策的影响,认为个人所得税改革直接影响到小企业业主在用人和经营方面的决策。王红晓(2015)发现新加坡在2012年为促进创新创业对个人所得税税率进行优化,由6档增至8档,最低税率由3.5%回降到2%,同时加大对创新人才的税收扣除力度,其接下来两个年度的个税收入及创新投入与产出的数据显示,个税收入有所攀升的同时创新人才和教育的参与程度也有一定的提升,可见其个税改革的创新性举措取得了较好的效果,体现新加坡细化个人所得税税率级距、加大税收优惠力度政策的实施取得了良好成效。傅强(2014)对美国、德国、英国、日本等发达国家的个人所得税体系进行了较为系统的研究,发现发达国家的创新性人才、创新性教育和创新性技术的税收优惠政策较为完备,优惠力度较大,极大地提高了创新各要素的投入。

由此，基于国家创新视角，本书对国际上发达国家的个人所得税制度进行总结，分析发达国家个人所得税的改革趋势，为我国创新战略下的个人所得税改革提供借鉴。

一、国际个人所得税制度总结

（一）美 国

1.纳税对象

在美国，个人所得税法将纳税义务人分为美国公民、居民、非居民三种。美国公民指出生在美国和后期加入美国国籍的人；美国居民即依美国移民法得到法律许可的有永久性居住权的人（如取得绿卡）；不满足美国公民和居民身份的人即为非居民。美国个税的申报形式着重以个人申报为主，纳税人可以充分考虑自身的家庭因素选择纳税身份进行申报，主要包括单身个人、已婚配偶、户主、鳏夫或寡妇和被抚养者（见表9-1）。

表9-1 美国个人所得税纳税人纳税身份划分 单位：美元

纳税人情况	年龄	免征额（年收入）
单身	65岁以下	10300
	65岁及以上	11850
夫妻联合申报	65岁以下（夫妻二人）	20600
	65岁及以上（夫妻中一人）	21850
	65岁及以上（夫妻二人）	23100
夫妻分别申报	无要求	4000
户主	65岁以下	13250
	65岁及以上	14800
丧偶、有孩子或老人需要抚养或赡养	65岁以下	16600
	65岁及以上	17850

资料来源：美国统计署网站（http://www.census.gov），美国国税局官网（http://www.irs.gov）。

2.税率

美国个人所得税的税率采取差额累进税率，按照纳税人身份确定差异化的税率比例。2017年12月22日，美国领导人特朗普订立并宣布《减税和就业法案》,该法案将个人所得税的税率继续维持在七级,但调整了适用范围,总体下调了税率。表9-2和表9-3展示了税改前后美国税率标准及适用范围。

表9-2　　美国个人所得税税率(税改前)　　单位:美元

应纳税所得额(单身)		应纳税所得额(夫妻联合)		应纳税所得额(夫妻分别)		应纳税所得额(户主)		税率(差额累进税率)
大于	不超过	大于	不超过	大于	不超过	大于	不超过	
0	9225	0	18450	0	9225	0	13150	10%
9225	37450	18450	74900	9225	37450	13150	50200	15%
37450	90750	74900	151200	37450	75600	50200	129600	25%
90750	189300	151200	230450	75600	115225	129600	209850	28%
189300	411500	230450	411500	115225	205750	209850	411500	33%
411500	413200	411500	464850	205750	232425	411500	439000	35%
413200		464850		232425		439000		39.6%

资料来源:美国国税局官网(http://www.irs.gov)。

表9-3　　美国个人所得税税率(2017年税改后)　　单位:美元

2018年税率(现行法律)			减税和就业法案(会议)		
税率	单身个人	夫妻联合/分别	税率	单身个人	夫妻联合/分别
10%	0～9525	0～19050	10%	0～9525	0～19050
15%	9525～38700	19050～77400	12%	9525～38700	19050～77400
25%	38700～93700	77400～156150	22%	38700～82500	77400～165000
28%	93700～195450	156150～237950	24%	82500～157500	165000～315000
33%	195450～424959	237950～424950	32%	57500～200000	315000～400000
35%	424950～426700	424950～480050	35%	200000～500000	400000～600000
39.6%	426700及以上	480050及以上	37%	500000及以上	600000及以上

注:上述税率会由美国政府每年根据物价指数等进行调整,有效期至2025年12月31日。

资料来源:中华人民共和国财政部网站(http://www.mof.gov.cn),美国国税局官网(http://www.irs.gov)。

3.费用扣除

美国个人所得税制度较完善,而且其创新性程度较高,主要体现在费用扣除的创新性设置上。美国在费用合理化扣除方面规定得比较全面,划分较为详细，主要分为标准扣除和分项扣除，纳税人可自由选择扣除方式，但由于纳税人所选择的纳税身份各有不同，其所享有的税率、税收抵免、费用扣除等方面的税收优惠也存在差异。其中在标准扣除方面实行指数化管理，即每年会根据通货膨胀情况和物价指数的变化进行指数化调整，在一定程度上消除了通胀对纳税额的影响；在分项扣除中对于抚养孩童、赡养长辈等家庭开销，税法施以其一定的扣免额度。上述两种突出做法都有效衡量了纳税人收入情况并有助于减轻税收负担。2017 年 12 月美国政府公布的减税方案调整了多项扣除规定，其中标准扣除额和儿童税收抵免额翻倍，取消杂项扣除和特定分项扣除；拓宽了慈善捐献扣除额度和遗产税的免税额度，如表 9-4 和表 9-5 所示。

表 9-4 美国费用扣除标准及个人免征额(2017 年税改前) 单位：美元

已婚联合申报	12700	4050
户主申报	9350	
单身/已婚分别申报	6350	

资料来源：李锐、李莹：《美国国内收入法典》，中国法制出版社 2018 年版，第 146 页。

表 9-5 美国费用扣除标准及个人免征额(2017 年税改后) 单位：美元

2018 年税率(现行法律)		减税和就业法案(会议)	
类型	数额	类型	数额
个人扣除	4150	个人扣除	—
户主扣除	9550	户主扣除	18000
夫妻联合扣除	13000	夫妻联合扣除	24000
夫妻分别扣除	6500	夫妻分别扣除	12000

资料来源：中华人民共和国财政部网站(http://www.mof.gov.cn)，美国国税局官网(http://www.irs.gov)。

4.税收征管

美国充分利用电子信息化及互联网优势，将其有效运用于税源监控、税款征收、纳税稽核等，并在全国范围内广泛推行双向申报制度，即雇主需要依法定期履行个税代扣代缴义务，同时纳税人也要自行申报，由此形成高效且严密的税务稽核体系，强有力地保证了税款的征收，有效地避免了税源流失与偷税漏税情况的发生。

(二)英　国

1.纳税对象

英国政府根据在一个纳税年度内在英国的居住天数及与英国的联系将纳税人区分为英国居民和非居民,主要分法(不包括苏格兰地区)如表9-6所示。

表9-6　　　　英国个人所得税纳税人分类

在英国的居住天数	过去为英国居民	过去不是英国居民
少于16天	非居民	非居民
16～45天	满足4个及以上联系为居民	非居民
46～90天	满足3个及以上联系为居民	满足4个联系为居民
91～120天	满足2个及以上联系为居民	满足3个及以上联系为居民
121～182天	满足1个及以上联系为居民	满足2个及以上联系为居民
不少于183天	居民	居民

资料来源:胡怡建等:《个人所得税税制国际比较》,中国税务出版社2017年版,第24页。

2.税率

作为个税起源最早的国家,英国长期以来以降低税率标准、简化税率级次为其改革的目标。英国政府在2013～2014年度起将最高税率由50%下调至45%,2015～2016年度陆续撤销了个人所得税的起征税率。对于储蓄收入不超过5000英镑的居民适用零税率而且每年均可享受10600英镑的标准免税额,而超过5000英镑的纳税人必须按照低税率为20%、高税率为40%、附加税率为45%的三级税率进行纳税。股息红利所得仅适用32.5%和37.5%的两级税率。①

3.费用扣除

英国个税费用扣除兼顾个人收入、家庭、健康和婚姻状况等多方面对纳税人给予税收优惠,居民就其世界范围内的应税收入可享受基本生活扣除,而非居民无法享受该待遇,具体包括费用扣除和税收抵免两大类。费用扣除又可分为基本扣除、抚养赡养扣除、劳动所得扣除、鳏寡病残者扣除等,政

---

① 参见卫桂林:《英国个人所得税制度的特点、作用和借鉴》,《理论月刊》2016年第7期。

府每年会根据物价指数对这些扣除项目进行适当调整。其中抚养宽免中每个健康孩子最高可达到2780英镑,每个残疾孩子最高可得到5920英镑,劳动所得扣除的基本标准为1960英镑。上述创新性优惠措施的运用,很大程度上减轻了纳税人压力,同时也在一定程度上促进纳税人纳税意识的提升,进而增强纳税遵从度,提高国家税收征管效率。

4.税收征管

英国着重采取综合所得税征收模式与源泉扣缴、自行申报相结合的双向申报制度,避免税源流失。同时,英国应用高度信息化的电子征管体系,将纳税人的所有收支信息充分纳入电子信息系统,并通过电子体系对纳税人的应纳税额、宽免额度等进行精准计算,对未按规定的个人采取罚款或加收滞纳金等惩处措施,对行为严重者可适当处以监禁。此外,英国还建立了一种特别委员会制度,由税务方面的专家担任成员,无偿向社会各界提供税收法律讲解和税务咨询服务,这一充满创造性的举措无疑为英国个税征收加砖添瓦,有效保证了纳税操作的高效运行,有利于提高征管效率。

(三)日　本

1.纳税对象

日本政府将纳税人按其在本国的时间进行划分,主要有居民和非居民个人两种,将个人所得税划分为所得税和居民税两种。其中所得税主要针对在本行政区域内有住所的个人,属于国家性个人所得税,而居民税针对的是在本行政区内虽然没有住所但实际享有事务所、营业所或房产的个人,其所得收入需要负担社区费用,属于地方性个人所得税。

2.税率

日本政府在1984年、1999年和2007年对个税税率进行改革,着重朝着降低税率、减少级次的方向调整,使其进一步适应该国经济社会发展。当前,日本使用的是5%～45%的多级累进税率,规定具体如表9-7所示。从中可以看出,日本的个人所得税税率经过2015年的修订后维持着七级税率级次,相较于1984年的十五级税率已经减少了一半之多,并且最高边际税率也由1984年的70%调减为当前的45%,有效缓解了中高收入者的税收负担。

表 9-7　　日本个人所得税税率(2015 年修订)

级数	年应纳税所得额(万日元)	税率
1	少于 195 的部分	5%
2	超过 195～330 的部分	10%
3	超过 330～695 的部分	20%
4	超过 695～900 的部分	23%
5	超过 900～1800 的部分	33%
6	超过 1800～4000 的部分	40%
7	超过 4000 的部分	45%

资料来源:日本国税厅网站(http://www.nta.go.jp)。

3.费用扣除

日本奉行的费用扣除规定可以分为实际成本扣除和生活费用扣除。实际成本扣除是个人获得收入所必然的支出,生计扣除在充分考虑了纳税人的家庭情况的基础上结合量能课征的原则实行限额扣除,包括基础扣除、夫妇扣除、抚赡养扣除等多个项目类别。其中,基本生活扣除和夫妇专项扣除水平为 38 万日元,个人居民扣除额为 33 万日元,鳏寡和残疾人扣除额度为 27 万日元,老年人扣除可达 50 万日元,对有 16～22 岁子女家庭的抚养扣除可达 25 万日元。个税优惠政策比较合理和全面,加之限额扣除的详细规定,使日本个税极具创新性和可操作性。

4.税收征管

日本实行综合与分类相结合的征管形式、源泉扣缴和自行申报相结合的纳税方式。同时日本比较注重税制创新,重视纳税信用管理,现已建立了富有特色的白色和蓝色创新化申报制度,即对会计制度认识不健全的个人实行白色制度,对纳税意识较强、有健全会计账簿的个人实行蓝色申报。其次,日本国税厅根据所得的类别、管理机构和纳税人种类进行分类,归为公司、个人、财产等不同的课税部门,进行更为精准化的管理,以此来提高征管效率。除此之外,日本国税厅为强化税源监控建立信息采集制度,并在国税厅与地方政府建立起信息共享制度,国税厅可随时向其获取有关纳税人的收支信息和家庭状况。日本在个税征管方面的创新有助于国家对个税征管的监控和稽核,并有效降低税源流失的可能性。

(四)德 国

1.税率

德国个人所得税法把应税所得划分为七种类型，将工商经营所得、农林所得、劳动所得和非劳动所得归为工薪所得，采用累进税率制度计算应纳税额，详细设置如表 9-8 所示。此外，对于国民出卖股份、债券的资本利得和股息、利息等预提所得适用 25%的税率，另外征收 5.5%的附加税。

表 9-8　　2015 年德国适用的个人所得税税率

级数	年应纳税所得额		税率
	单身纳税人	已婚纳税人	
1	不超过 8354 欧元的部分	不超过 16708 欧元的部分	0
2	超过 8354～13469 欧元的部分	超过 16708～26939 欧元的部分	14%～24%
3	超过 13469～52881 欧元的部分	超过 26939～105763 欧元的部分	24%～42%
4	超过 52881～250730 欧元的部分	超过 105763～501460 欧元的部分	42%～45%
5	超过 250730 欧元的部分	超过 501460 欧元的部分	45%

资料来源：根据 Wikipedia 中的 Taxation in Germany 资料整理而成。

20 世纪 80 年代以来，德国个人所得税税率不断下调，其最高边际税率由刚开始的 56%下调到现在的 45%，很大程度上减轻了高收入人群的税收压力。对于中间级数的纳税人来说，其所使用的税率是一个区间，是由一个百分点逐渐相加得到的，因此对于中低收入者来说其税收的可接受性较强。总之，德国的税率设计极具特色和创新，突出表现在对不同收入的纳税人施以可调的税率范围，有利于调节纳税人税负，也有利于增强税收公平性、提高税收征收效率。

2.费用扣除

德国个税的扣除项目有基础扣除、专项扣除、补助扣除和特别扣除，全部的扣除项目每一年均会依据通货膨胀实况进行适度调整，这也正是其税制创新的生动体现。按德国税法规定，目前基本项目中纳税人受雇所得可按 920 欧元进行扣除；津贴扣除中每年纳税人个人可享受 8354 欧元、夫妻联合可享受 16708 欧元的税前扣除；对于有孩童的家庭，每个小孩可享受 2184 欧元的成长扣除额度和 1320 欧元的照顾教育费用扣除，配偶共同申报可双倍扣除。通过分析我们可以看到德国的个税扣除较为人性化，具有较强的科学性，创新性地考虑了纳税人的家庭及婚姻实况，统筹成本效益原则，最大限度地为纳税人提供税收优惠。

3. 税收征管

德国应用综合与分类相结合的征管模式，税收征管机构包括联邦、州、地方三级政府。税收立法权高度控制在联邦，州及地方政府可行使征收管理权。另外德国以法律的形式确立了税法，以其权威性和严肃性营造公平、公正的纳税环境，即使是执法机关也不得利用职权擅自改变税收减免等多项规定。特别地，德国高度利用现代化的信息优势促进税收征收，现已经实现了网络版的个税计算器，纳税人只需根据自己的纳税项目逐一输入便可得出应纳税额，在极大程度上降低了纳税失误与遗漏，方便了纳税人的税额缴纳。

(五)法　国

1. 税率

法国采取超额累进税率与比例税率相结合的个人所得税制度，对大多数应税所得采用累进税率，只有少数所得如特许权、不动产收入等适用16%的比例税率。具体税率如表 9-9 所示。

表 9-9　　2015 年法国个人所得税税率

级数	征税收入档次	征税标准
1	低于 9690 欧元	0
2	9690～26764 欧元	14.00%
3	26764～71754 欧元	30.00%
4	71754～151956 欧元	41.00%
5	超过 151956 欧元	45.00%

资料来源：胡怡建等：《个人所得税税制国际比较》，中国税务出版社 2017 年版，第 217 页。

据表 9-9 我们可以看出，法国税率的设置是比较合理的，级次保持在较为简化的五级范围内，最高边际税率和世界上大多数发达国家一样保持在合理水平之内。法国税率设置的特色也是创新点在于政府设置了最高税收负担额度，即对纳税总额超过上年全年收入 60% 的纳税人可适当退税，减轻了高收入人群的负担，促进法国个税的有效征收。

2. 费用扣除

法国的费用扣除也区分为基础扣除和抚养子女、高等教育、医疗等方面的专项扣除。从2015年1月1日起，法国将个税起征点上调至9690欧元，取消了5.5%的税率级次；同时允许在税前扣除获取收入所发生的实际支出或者总计收入10%的部分；对于抚养未成年子女的家庭，可以以家庭为单位享受最高不超过税前家庭月总收入50%且不超过每月2300欧元的额度扣除；对于高等教育费用，国家规定2005年9月1日至2008年12月31日期间通过25年贷款进入高等学校深造的学生，每个家庭可用第一个5年还贷期的偿付利息抵扣以家庭为单位计征的个人所得税税额。法国将孩子的高等教育费用纳入个税扣除限额，有利于鼓励民众接受教育，提高国民素质，培养创新型人才。

3.税收征管

法国个人所得税以家庭为单位、采纳综合所得税制，并设立了严密的税收征管体系，即由公共会计管理局负责税收征缴入库，税务总局负责税基管治和税务抽查。国家主要采取自行申报和协商纳税两种课征办法，自行申报要求纳税人定期向税务局提供相关收支证明，按要求缴纳税款；协商纳税即由税务检查人员根据纳税人具体情况确定税额。同时，法国通过电子信息系统为纳税人统一设置了纳税识别号，并将每个纳税人的相关纳税资料存入电子信息系统，以此来提高税务机关征税效率，促进税务体系的完善，进而为后期税务抽查和稽核提供极大便利。分析发现，法国税收征管的亮点主要体现在其征管体系的设置和执行上，征管与稽查两层税务机构的设置最大限度地实现了个税全面性征收，一征一核的严密监控也有助于提升税收征管效率。

二、国际个人所得税制度分析

(一)个人所得税制改革的目标导向

个人所得税起源于1788年的英国，最初是为应对战争、筹备战时军需而发展起来的。第二次世界大战结束后，世界逐步进入和平状态，此时个人所得税制度的主要功能开始转为筹集财政收入。近年来随着经济全球化、互联网信息化时代的推进，特别是知识经济的兴起，为防止国内资本及高端人才外流，吸引国际资本投入和高科技人才，世界各国适时改革个人所得税制，以更优惠税制吸引创新资本和人才，推动国家向知识经济转型。由此，个人所得税制度筹集财政收入的功能逐渐减弱，而提高经济效率、促进经济转型的功能开始强化。

(二)个人所得税制改革的特点

个人所得税在西方国家已有上百年的历史,随着世界经济的发展,个人所得税制度也在不断革新与完善。并且,各发达国家个税改革呈现出一定的特点,主要可归结为以下几点:

1.普遍运用综合所得税课征形式

所谓综合所得税制,即对纳税人的多种应税所得综合征收,如工资、薪金所得、补助、利息收入、股息收入、财产让与所得等。该税制的特点在于将一年中的各类收入综合计算,按照相应的标准选取适用税率、扣除额和减免额,而不追究其收入性质及来源,其优势在于能够按照纳税义务人的不同收入水平量能课税,在一定程度上有助于公平税负。

2.费用扣除彰显了"量能课征"准则

实行个人所得税制度的国家都设定了费用扣除项目以及税收减免额度,通过调整税基来优化个税征收效率。在众多国家中,美国个税扣除项目的规定较为精细化、合理化,具有极高的学习借鉴价值。美国费用扣除坚持标准扣除与分项扣除并举,同时其在纳税身份的选择上给予纳税人充足的自由,主要有夫妻联合申报、夫妻分别申报、个人申报等,差异化的纳税身份区别了其差异化的扣除尺度。美国的费用扣除设计既保证了税负的横向公平,又顾及了纵向公平,提高了个税的征收效率。

3.家庭课税制度广泛应用

目前,美国、英国和德国等大多数国家已运用极具创新特色的家庭课税方法,即在个人所得税的征缴中以家庭为基本纳税单元,将配偶双方的全部应税所得进行合并纳税。该模式充分考虑了纳税人的家庭成员数量、就业、教育支出、赡养与抚养、就医等多方面具体情况,辅以相应的费用扣除和税率计算,在均衡税负、缩小不同家庭不同职业纳税差异方面凸显出极大优势,同时也有助于体现税制整体的公平性,提升纳税遵从度。

4.征管信息化水平高,违法执行严厉

英美等国家在税收征管改革上充分利用高度发达的信息技术,将税务征管系统与银行、工商、海关、企业等多处进行联网建立健全的信息系统,并建立银行、交易所等第三方报送制度,以纳税人代码作为唯一识别号进行征收,将纳税人的收入支出、消费等信息进行全面整合,在税收征管阶段及时消除纳税人错误申报、遗漏申报的可能性,有效防止税源流失。

英美各国为保证个税征收的规范性、高效性,颁布了严厉的个税征管法律，从国家和制度层面规范纳税行为，对违反国家法律规定、偷税漏税等行为施以严格惩处，对于行为较轻者处以罚款，而对于行为恶劣的除罚款外还须承担相应的刑事责任，真正实现有法必依、执法必严、违法必究。

(三)个人所得税制改革的基本趋向

1. 优化税率结构，减少税收负担

税率是个税制度中不可或缺的要素，税率的高低直接决定纳税人税负的高低。税率优化是税制改革的重要方面，进入 21 世纪，各国个税改革呈现减少税率档次、降低边际税率的改革趋势。在美国，按照纳税人的身份、收入分别适用不同的累进税率，2017 年《减税和就业法案》将税率整体下调，七级累进税率由原来的 39.6％、35％、33％、28％、25％、15％、10％分别下调至 37％、35％、32％、24％、22％、12％、10％。在英国，个税税率变化幅度最为明显，1978～1988 年英国持续大幅减税，最高最低边际税率分别从 83％和 25％降至 40％和 10％，形成了简化的两级税率格局；1992 年英国恢复其最低税率，此后长时间维持着 10％、22％、40％的三级超额累进税率格局。①

2. 逐步健全税前扣除项目

在个人所得税应纳税额的计算中，费用扣除占有相当比例，很大程度上有助于降低税收负担，扣除项目的规定也代表了国家的政策方向，对调节居民行为、带动经济转型起着重要的作用。在美国，费用扣除主要区分为标准扣除和分项扣除。所谓标准扣除，是所有纳税人都享有的扣除保证其基本生活的支出等；分项扣除则是基于不同的纳税人所设的教育培训、医疗、就业、慈善捐赠、抚养赡养支出等方面的扣除。2018 年美国《减税和就业法案》提议停止个人免税额，按照通胀实际状况和国民消费指数对扣除额度调整，将个人缴纳、配偶合并纳税的年度扣除额均翻倍，提出 17 岁以下孩子的税收抵免由 1000 美元增到 2000 美元，可全额退还额度升至 1400 美元。在加拿大，依据不同区域收入和生活水平差异，在州和地方设置差异化的扣除标准。在德国，2016 年财政部发布的税制创新法案中将纳税人费用扣除额度由 8652 欧元升到 2017 年的 8820 欧元，2018 年再升至 9000 欧元；抚养子女的扣除额由 4608 欧元升至 2017 年的

---

① 参见袁建国、胡明生、陶伟：《国外个人所得税改革趋势和借鉴》，《税务研究》2017 年第 7 期。

4716欧元,2018年再升至4788欧元。[①] 发达国家趋于全方位考虑纳税人的家庭、个人不同情况,在教育等方面作出政策性倾斜和激励,有助于居民加大对教育、公益等的投入。

3.健全税收征管,强化征管效率

西方发达国家一般使用自行申报及代扣代缴并举的方法进行个税的申报缴纳,不断简化税务申报的流程。长期以来法国财政部要求每年4~5月申报前一年个税,为简化申报流程,2016年改革中将个税代扣制纳入政府预算,每月从个人工资中自行扣缴。在英国,政府计划在2018~2020年取消纳税申报表,全面使用新税务系统,采用数字税务账户完成申缴,同时将年度申报变为季度申报,拟创立英国皇家税务海关总署从第三方直接提取收入信息,减少纳税人的报税压力。

(四)个人所得税制改革的效果评析

1.税收遵从度提升

所谓税收遵从度,是指纳税人受主观心态的驱动所表现出来的对税法的遵从度。税收遵从度受一国税收制度公平与否、征管便捷与否、涉税信息对称与否及个人利益兼顾与否等因素的综合影响。各国政府纷纷采取了不同程度的措施提高税收遵从度,具体举措可概括为以下四点:改革税收制度,加大惩处力度;完善征税服务系统,加大宣传力度;创设奖励机制,加大优惠力度;开立数据同享机制,加大监察力度。随着国家税收制度的改革和依法纳税普及力度的加大,纳税人的纳税意识逐渐加强,税收遵从度也在不断提升。

2.刺激经济增长,促进经济转型

发达国家个税制度改革中对费用扣除作出了多次调整,费用扣除逐渐合理化、科学化、具体化。以家庭为单位进行纳税申报,并将就业、房贷利息、教育医疗开支、培训费等多种因素考虑在内,很大程度上降低了税负,使纳税人有宽裕的资金用于日常开销,刺激消费,鼓励健康、医疗、教育的人力资本投资,带动经济增长,提高国民素质,促进经济转型。

---

① See Alm & B. Torgler, "Culture Differences and Tax Morale in the United States and in Europe", *Journal of Economic Psychology*, 2006(02):224-246.

三、创新战略下国际个人所得税制度借鉴

(一)优化个人所得税征收模式

长期以来,我国使用个人所得税分类征收模式,但实践验证分类征收容易导致税负不公,有违个税初衷,有必要对其进行适当创新。考虑到我国当前个税征管机构不完善、征管制度不成熟、法律不健全等现状,综合征收模式尚不能完全适用于我国个税征收。因而,我国应该在时机成熟时调整征收模式,采取综合分类一体化的课税模式,具体来说是综合为主、分类为辅的税制,该税制充分考虑了税收公平和量能课征原则,反映纳税人的真实税负承受度。2018 年 3 月 7 日,财政部副部长史耀斌也作出表述,2018 年个税创新会将现行的分类征收模式改革为分类与综合相结合的模式,并加速个税改革方案的实施。

(二)完善个人所得税的费用扣除制度

发达国家的个人所得税扣除制度均已包括基本生活保障支出、教育医疗、住房、赡养、健康状况等因素,全面考量纳税人家庭及生活实际状况进行纳税,真实反映纳税人的税负承受能力,更显税负公平。

对于费用扣除,我国可以考虑增加三方面内容,首先是增加教育费用扣除金额,当前我国实行 9 年义务教育,高中、大学的教育费用需由家庭承担,国家给予大学生学费无偿贷款,但仅生活费用也是一笔不小的开销,尤其是对有 2 名或 2 名以上大学生的农村家庭而言更是沉重的家庭负担。其次是增加大病医疗费用扣除金额,若家庭有人患重病,动辄需要十几万元的治疗费用,这对于一个普通工薪家庭来说是难以承受的,虽然我国有大病医疗报销制度,但由于报销时间滞后、可报销费用较低等原因并未对患病家庭给予实质性的帮助。最后是增加住房的费用扣除金额,目前经济较发达城市房价居高不下,不少人贷款买房,每月需还高额房贷,就租房而言每月租金平均在 1000～3500 元之间,这些支出占去工资的相当一部分。综上所述,我国政府在个税改革设计中应注重并充分考虑教育、医疗、住房等因素,结合纳税人实际情况使个税费用扣除富有弹性和可调整性,真实反映纳税人的税负承受能力。

(三)完善个人所得税征管制度

在我国当前的个人所得税征管模式下,个税流失严重、偷税漏税现象频发,应借鉴发达国家经验加强税收立法和执法,完善税收征管体系。一是加强税收立法和执法力度。我国虽然有全国人民代表大会及其常务委员会颁布的《中华人民共和国个人所得税法》、国务院颁布的行政法规和有关规范性文件等,但仍然存在小范围的法律空白,需要进一步补充和完善个人所得税法律制度,并强化执法力度,加大对偷税漏税等不法个人或企业的惩处力度,真正做到执法必严、违法必究,提高纳税遵从度。二是利用信息化手段,完善征管体系。我国应充分利用大数据、高科技等手段,加强各部门间的联系,逐步实现税务征管系统与银行、工商、海关、企业等部门的互联以达到数据信息共享,全面监控纳税人的各项收入,促进个税征管效率的提高。

第十章　创新战略下我国个人所得税改革研究

引　言

个人所得税在各国的税制中都占据重要的地位，个人所得税制度可以引导研发投入、新兴产业发展、人力资本提升、商业模式改进等，从而实现经济转型和国家创新驱动发展。我国激励创新的个税优惠政策仍然存在很多问题，如个税激励政策缺乏普惠性、个税优惠模式对创新人才的激励不足、对科技创新前端激励政策不足、享受个税优惠的条件偏紧偏严、税收优惠措施受益面较窄等等。

Jeffrey Owens(2017)分析发现税收制度可以通过降低创新活动的成本以减少创新的障碍，认为企业税收制度、个人所得税制度和社会保障缴款之间的关系，会影响个人决定是否继续从事依赖性就业或寻求更多的创业和创新活动。胡文龙(2017)提出我国创新激励导向的税收优惠政策偏重于企业所得税，对个人所得税的税收优惠则较少；享受创新税收优惠的条件偏紧偏严，相关税收优惠措施受益面较窄。针对这些问题他提出了建立健全创新激励导向的税收法律法规政策体系、营造以激励创新为导向的普惠性税收政策环境、加大对创新人才的税收优惠力度等政策。孙雁冰(2018)得出个人所得税对产业结构优化存在显著负效应，发现个人所得税对高收入者多征税存在相当大的效率损失，而这部分损失会直接反映在第三产业上。个人所得税改革对第三产业的影响比较大，在税目、税率、计税依据、减免税等设计上个税制度应更加规范，而不是简单地调整免征额。丁淑芬(2017)认为在国家制定一系列高新技术企业税收优惠政策后，也存在个别企业浑水摸鱼、骗取税收优惠的现象，提出在加强税收优惠的同时，还要注意防止个别人、个别企业以科技创新的名义偷税、漏税、骗税。

由于个人所得税优惠政策直接作用于个人，即通过影响个人的利益，调动人的积极性和创造性，激发社会创新的活力。因此，个人所得税优惠政策对促进个人创新进而国家创新具有独特的作用，这也是本书研究的目的。

一、激励创新的我国个人所得税制度总结

目前，我国已经建立了两类激励科技创新的个税制度：一类是投入型个税优惠，如科研及管理人员股权激励等税收优惠制度，新产品、新技术、新工艺所发生的开发费用，以及为此而购置单台价值在 10 万元以下的测试仪器和试验性装置的购置费准予直接扣除等；另一类是产出型个税优惠，如技术转让所得减免税等。现行具体政策总结如下：

1. 省级人民政府、国务院部委和中国人民解放军军以上单位以及外国组织颁发的科学、教育、技术、文化、卫生、体育、环境保护等方面的奖金，免征个人所得税。

2. 对按《国务院关于高级专家离休退休若干问题的暂行规定》和《国务院办公厅关于杰出高级专家暂缓离休审批问题的通知》精神，达到离休、退休年龄，但确因工作需要，适当延长离休、退休年龄的高级专家，其在延长离休、退休期间的工资、薪金所得，视同退休工资、离休工资免征个人所得税。

延长离休、退休年龄的高级专家是指：

(1)享受国家发放的政府特殊津贴的专家、学者。

(2)中国科学院、中国工程院院士。高级专家延长离休、退休期间取得的工资薪金所得，其免征个人所得税政策口径按下列标准执行：

①对高级专家从其劳动人事关系所在单位取得的，单位按国家有关规定向职工统一发放的工资、薪金、奖金、津贴、补贴等收入，视同离休、退休工资，免征个人所得税。

②除上述第(1)项所述收入以外各种名目的津补贴收入等以及高级专家从其劳动人事关系所在单位之外的其他地方取得的培训费、讲课费、顾问费、稿酬等各种收入，依法计征个人所得税。高级专家从两处以上取得应税工资、薪金所得以及具有税法规定应当自行纳税申报的其他情形的，应在税法规定的期限内自行向主管税务机关办理纳税申报。

3.《中华人民共和国个人所得税法》规定，个人获得科研机构、高等学校转化职务科技成果股权奖励在 5 个年度内延期缴纳个人所得税；高新技术企业技术人员股权奖励分期缴纳个人所得税；中小高新技术企业个人股东

分期缴纳个人所得税；由国家级、省部级以及国际组织对科技人员颁发的科技奖金免征个人所得税等。

4.凡符合下列条件之一的外籍专家取得的工资、薪金所得可免征个人所得税：

(1)根据世界银行专项贷款协议由世界银行直接派往我国工作的外国专家。

(2)联合国组织直接派往我国工作的专家。

(3)为联合国援助项目来华工作的专家。

(4)援助国派往我国专为该国无偿援助项目工作的专家。

(5)根据两国政府签订文化交流项目来华工作两年以内的文教专家，其工资、薪金所得由该国负担的。

(6)根据我国大专院校国际交流项目来华工作两年以内的文教专家，其工资、薪金所得由该国负担的。

(7)通过民间科研协定来华工作的专家，其工资、薪金所得由该国政府机构负担的。

5.个人通过公益性社会团体和国家机关向科技型中小企业技术创新基金和经国务院批准设立的其他激励企业自主创新的基金的捐赠，可在缴纳个人所得税时予以抵扣。

6.《个体工商户个人所得税计税办法》(国家税务总局令第35号)规定，个体工商户研究开发新产品、新技术、新工艺所发生的开发费用，以及研究开发新产品、新技术而购置单台价值在10万元以下的测试仪器和试验性装置的购置费准予直接扣除；单台价值在10万元以上(含10万元)的测试仪器和试验性装置，按固定资产管理，不得在当期直接扣除。

7.《关于完善股权激励和技术入股有关所得税政策的通知》(财税[2016]101号)规定，非上市公司开展股权激励，符合规定条件的，员工在取得股权激励时可暂不纳税，递延至转让该股权时纳税；股权转让时，按照股权转让收入减除股权取得成本以及合理税费后的差额，适用“财产转让所得”项目，按照20%的税率计算缴纳个人所得税。

8.自2016年1月1日起，全国范围内非上市的或未在全国中小企业转让系统挂牌的中小高新技术企业以未分配利润、盈余公积、资本公积向个人股东转增股本时，个人股东一次缴纳个税确有困难的，可根据实际情况自行制定分期缴税计划，在不超过5个公历年度内(含)分期缴纳，并报主管税务机关备案。

9. 对持《就业创业证》(注明“自主创业税收政策”或“毕业年度内自主创业税收政策”)或2015年1月27日前取得的《就业失业登记证》(注明“自主创业税收政策”或附着《高校毕业生自主创业证》)的人员从事个体经营的,在3年内按每户每年8000元为限额依次扣减其当年实际应缴纳的增值税、城市维护建设税、教育费附加、地方教育附加和个人所得税。限额标准可上浮20%,各省、自治区、直辖市人民政府可根据本地区实际情况在此幅度内确定具体限额标准,并报财政部和国家税务总局备案。

10. 2018年4月18日,国务院召开的常务会议决定对依法批准设立的非营利性科研机构、高校等单位的科技人员,通过科研与技术开发所创造的专利技术、软件著作权、生物医药新品种等职务创新成果,采取转让、许可方式进行成果转化的,在相关单位取得转化收入后3年内发放的现金奖励,减半计入科技人员当月个人工资薪金所得,以减轻税收负担,提速科技成果转化。

二、我国个人所得税制度存在的主要问题

(一)激励创新的优惠措施受益面较窄,优惠条件偏紧偏严

目前,我国激励创新的个税优惠政策比较少,而且主要局限于高新技术和新工艺领域,忽略了其他在商业模式、企业管理、激励机制上创新较多的行业,如物流、服饰、餐饮等非科技型服务业和轻工业等,使得激励创新的税收优惠政策普惠性不强。

此外,激励创新的个税优惠条件偏紧偏严,如我国奖金个人所得税减免优惠政策门槛较高,优惠范围较窄,只有省级以上科技部门批准的奖金才能获得个人所得税减免优惠,公司给予创新人才的一般奖励性奖金是不能享受个人所得税优惠的,这不利于激发企业创新人才的积极性。

(二)税收激励以政策为主,缺乏法律条款

我国激励创新的税收优惠政策主要是部门规章、行政部门通知等法律形式,尚未制定有关税收优惠专门的法律法规,只是在个人所得税法律法规中,颁布了一些基于创新激励的个税优惠条款。比如,《个人所得税法》第4条明确规定,与科技创新相关的科学、技术、教育、文化等方面的个人奖金所得,符合条件的可以免纳个人所得税。法律层次较低导致政策制定和执行的随意性,降低了个税优惠政策的实施预期。

(三)前端激励政策不足

科技创新具有高风险、高投入和周期长的特点,加上科技创新的外部性使得其收益不会为某企业所独享,因此,科技研发的资金投入会在一定程度上受到限制。为了弥补这一市场失灵,政府应该实施前端税收激励来补贴企业的科研支出。

目前我国鼓励研发的前端个税激励政策如表 10-1 所示。这对研发投入有一定激励作用,然而作用十分有限,不足以发挥个税的激励调节作用。存在的问题一是个税激励政策极少,仅对奖金和个人对科技研发的捐款实行税收优惠;二是个税激励缺乏规范性和系统性,缺乏总体规划。

表 10-1 鼓励企业研发投入的个税优惠政策

税种	优惠政策	优惠方式
个人所得税	省级人民政府、国务院部委和中国人民解放军军以上单位以及外国组织颁发的科学、教育、技术、文化、卫生、体育、环境保护等方面的奖金,免征个人所得税。	直接优惠税收减免
	个人通过公益性社会团体和国家机关向科技型中小企业技术创新基金和经国务院批准设立的其他激励企业自主创新的基金的捐赠,可在缴纳个人所得税时予以抵扣。	间接优惠税前扣除

资料来源:中国注册会计师协会:《税法》,中国财政经济出版社 2019 年版,第 306 页。

(四)缺乏对创新人才的税收激励

我国现行的所得税优惠对象主要以企业为主,而提高创新能力主要依靠新技术的研发,而新技术的研发以及相应产品的生产、销售却始终离不开创新人才。长期以来我国个税对人力资本的激励和有效补偿有限,表现为我国工资薪金所得边际税率较高以及个人所得税对奖金的减免优惠政策门槛较高,优惠范围较窄,这都不利于吸引和激励"高精尖"科技人才。

(五)当前个人所得税不利于产业结构合理化

随着中国经济模式不断优化,以高储蓄、高投资、高出口、低消费为特征的传统经济增长模式已经不再适应经济发展的需要。在国家优化资源配置的指引下，经济发展的重心由原来的扩张规模向提质增效转变，由工业为主导转向以服务业为主导，第三产业成为当前经济增长的主要动力。然而当前我国个人所得税边际税率较高，不利于第三产业的发展，不能完全适应产业结构调整的需求。

（六）收入日趋多元化，征管难度加大

随着市场经济的发展，居民的收入越来越多元，全面掌握纳税人的各项收入愈加困难，同时，目前受信息严重不对称客观条件制约的影响，存在个人实际取得的收入与实际缴税收入严重不符的现象。这种现象仅靠税务部门在短期内难以解决，需要银行等金融机构的协助。同时，在国家制定一系列高新技术企业税收优惠政策后，个别企业也趁机打着高新技术的名号浑水摸鱼，骗取税收优惠。这种现象在信息技术服务业、文化创意产业等特定企业中尤其突出。因此，设计科学的计税依据和税前费用扣除标准，使个人所得税制度兼顾税收公平和激励科技创新，提高征税效率，显得尤为必要。

三、我国个人所得税制度存在问题的原因

（一）税收优惠大多集中在科技领域

“科技兴则民族兴，科技强则国家强。”只有真正拥有核心技术，才会在国际竞争中占主导地位和拥有绝对话语权。因此，国家税收大力支持科技创新发展有利于提高我国社会生产力和国际竞争力。2018 年第一季度，税务部门落实支持高新技术企业发展的各项税收优惠政策累计减税 904 亿元，同比增长 61.7%。我国鼓励科技创新税收政策体系，主要包括减轻高新技术企业税负、鼓励研发经费投入、鼓励研发设备投资、鼓励科技成果转化等方面，暂时忽略了科技领域之外的其他能够促进经济转型的物流、商贸、服务等领域的革新。

（二）地方性差异大，税收立法程序复杂且耗时长

我国立法一般需要四个阶段，分别是提出、审议、表决和公布，中间程序繁多，全国人大和常委会为了保证立法程序的规范性和公正性以及立法法律的准确性和稳定性，需要反复论证，同时需要考虑地域差异性，耗时较长，影响了个人所得税的立法效率。

(三)税收激励侧重于科技成果转化

为了提高科技的应用,促进科技的商业化,提高科技的实际经济效益,我国的个人所得税政策侧重科技成果转化的税收激励。然而前期的研发周期更长、投入和风险也更高,缺乏前端的税收激励,企业的前期研发投入积极性不高,更多企业宁愿购买专利也不愿自行研发,导致我国基础研究能力不足,技术缺乏原创性。

(四)税收激励以成果为主,针对人才的较少

我国现行个税税收优惠对象以人才所创造的成果为主,对创新人才本身的激励措施较少。目前我国个税收入以工资性收入为主,而我国现行的个人所得税制度中工资薪金所得适用七级超额累进税率,最高边际适用税率高达45%,个体工商和生产、经营所得和对企事业单位的承包、经营所得最高边际税率为35%,与许多其他国家相比,我国个税最高边际税率处于较高水平(见表10-2)。然而,过高的税率会导致较高的税收超额负担,进而扭曲资源配置,造成效率损失。工薪所得税率档次偏多、高边际税率偏高,既增加了企业高素质人员的劳动力成本,又抑制了优秀人才的创新动力,不利于充分激发高素质人才的创新积极性。

表10-2　各国1986年和2016年最低和最高税率　单位:%

国家	1986年		2016年	
	最低税率	最高税率	最低税率	最高税率
澳大利亚	24.42	57.08	19	45
加拿大	16	34	15	29
丹麦	14.4	39.6	6.83	21.83
芬兰	—	—	6.5	31.75
法国	5	58	14	45
德国	22	56	42	45
日本	—	70	5	40
挪威	3	40	12.95	24.95
英国	29	60	20	45
美国	11	50	10	39.6

资料来源:胡怡建等:《个人所得税税制国际比较》,中国税务出版社2017年版,第223页。

另外，只有取得省级人民政府、国家政府、国际组织颁发的科学等方面的奖金以及按国务院规定发放的政府特殊津贴才享受免交个人所得税的待遇，而对省级以下政府与企业颁发的科技进步奖则要征税，此政策不利于调动科技人员的创新积极性。

(五)缺乏对新兴产业的税收激励

根据最优所得税理论，我国个人所得税对高收入者多征税存在相当大的效率损失，而这部分损失直接反映在第三产业上。同时，有专家提出，增加个人所得税比重，不利于产业结构优化。随着中国经济进入“新常态”，经济发展的重心已经由原来的规模扩张转向提质增效，第三产业成为国民经济增长的新动力，对经济发展有重要的拉动作用。尽管轻工业及服务业技术创新较少，但在激烈竞争下企业的制度创新、管理创新、商业模式创新对企业整个价值链和市场机制运行都尤为重要。调整个人所得税制度，给予新兴产业及商业模式更多的税收优惠，有利于鼓励一些新兴服务型行业和新兴技术型企业的发展，促进产业结构合理化。

(六)课税模式和征管模式存在缺陷

分类所得税制存在较多问题，不能完整反映纳税人的真实收入和税收负担，导致偷税漏税频发，税款流失严重。我国应该实行综合与分类相结合的税制模式。实行综合和分类相结合的税制意味着综合所得与分类所得适用不同的税率，而此种税制在我国也是具有一定可行性的。首先，综合与分类相结合的税制更有利于发挥个税对收入分配的调节作用，同时提高税率的适用性。随着我国经济发展，各地区、行业和职业的居民收入差距也越来越大，实行两种模式相结合有利于发挥综合课税模式对全部所得实施同一累进税率的收入分配效应，同时利用分类课税模式对不同来源和性质所得适用不同税率能提高税法遵从度，更适宜的税率能够激发创新人才和企业的积极性。其次，综合与分类相结合的税制有利于提高我国税收竞争力。综合税制对税收申报和征管要求较高，因此也要求我国提高税收征管水平，完善税收征管法规。

四、创新战略下我国个人所得税制度改革建议

(一)构建普惠性政策

普惠性税收激励政策能够营造更加公平的竞争市场环境,有效提升要素的配置效率。因此,需要推进普惠的税收激励政策,尽量使优惠政策惠及所有区域和行业,逐渐扩大个税对创新激励的覆盖面,增强个税对创新的支持力度。

基于此,可进一步扩大个人所得税优惠政策的适用范围,将一些技术含量较低,却在商业模式、企业管理、激励机制上创新较多的行业纳入进来。在我国现行税制基础上推进分类与综合相结合的个人所得税改革,可通过实施成本费用扣减额、宽免额、税收抵免和弥补亏损等优惠政策,切实减轻纳税人负担,激励企业和个人的创新积极性。

(二)健全法律法规体系

建立健全激励创新的法律法规体系,一是加快个税法制定进程,尽快将以条例、规章形式确定的个税优惠政策上升为法律,提高创新激励导向个税政策层级。二是明确制定个税优惠的设立原则,明确个税优惠的制定权、优惠范围和优惠幅度,及时梳理、修改和废止规章及法律性文件的不适应、不一致的规定,保障法律的统一性和严肃性。

(三)加强科技创新的前端激励

加强科技创新的前端个税激励政策,简单来说就是增加研发投入的税收优惠,以弥补前端科技创新的高风险、高投入和周期长的不利因素。针对科技创新前端的个税优惠政策提出以下建议:

一是可以参考现行对外籍人士的个人所得税优惠政策,比如可以给予实施研发计划的科技人才享受和外籍以及港澳台地区人员相同的起征点。

二是加大产学研协同创新专项资金投入,推动产业技术联盟发展。

三是完善鼓励企业进行人力资本投资的税收优惠政策,鼓励企业进行人力资本投资,加大对创新人才的投入。扩大技术成果奖励的优惠范围,加大个人再教育费扣除比例,激发个人学习新技术和新知识动力,降低企业自主培养人才成本。

三是对核心研发人员实施股权、期权激励政策。对持有公司股票 5 年

以上的研发人员，可免征所得税。

四是优化对科技创新的税收激励形式。直接激励容易促使企业为达政策门槛而过度筹划，扭曲企业经营行为，因此应侧重间接激励。

此外，由于科技创新的周期较长，加之政策实施存在时滞，应尽量保持激励政策的长期性和连续性，稳定企业预期，保证企业长期科技创新的积极性。

(四)加大创新人才的优惠力度

加大对创新人才税收优惠的覆盖面，提高优惠力度。其一，适当调整个人所得税生计费用扣除标准，科研创新人员生计费用扣除金额参照外籍个人生计费用扣除标准(4800 元)，在目前每月 3500 元的基础上再加计扣除 1300 元。其二，对高科技人才因研发成果而取得的应税收入，建议比照对稿酬所得的应纳税额减征 30%或者比对房屋租赁所得的按 10%的税率征税的税收优惠政策，按照同等比例减征高科技人才应纳税额。其三，扩大科研人员奖励性所得的税收优惠适用范围，对免征个人所得税的科学技术奖金，其颁发单位建议由原来的“省级人民政府、国务院部委和中国人民解放军军以上单位”调整为“地市级人民政府、国务院司局和中国人民解放军师以上单位”。其四，建议对高科技人才取得的技术转让收入，参照企业技术转让的税收优惠执行。

(五)建立产业导向的个税优惠政策

不断完善个税优惠政策，建立有利于产业结构优化升级的税收优惠体系。一是可以通过为新兴企业的主要负责人减负或者提供个税优惠的方式来培育和发展战略性新兴企业；二是增加对信息产业的税收扶持来加快信息产业的发展；三是可以通过对企业节能环保作出重大贡献的个人提供个税优惠来大力发展节能环保产业；四是设立针对创新性服务业的个税优惠政策，鼓励创新性服务业的建设和发展等。

(六)优化税收征管模式，提高征管水平

实行综合与分类相结合的税收征管模式，需要较高的税收征管水平和完善的税收征管法规以及高水平的征管人才。一是要建立税务机关内部管理制度，明确各内部征管机构的职能和责任，优化征管流程；二是提高税务征管人员的综合素质，提高办事效率和专业知识；三是逐步建立以自行申报

为主的纳税制度来替代以源泉扣除为主的征税模式；四是要加强执法力度，严惩偷税漏税行为，建议在征管法律中详细列举可能出现的违法行为以及对应的量刑裁决，并加大偷税漏税的成本，从而提高纳税人自觉守法的意识。

另外，构建大数据下的税收征管体系，实施“信息管税”，提高征管水平。首先是通过开展大数据分析，设计一个科学的计税依据和税前费用扣除标准，完善征管决策，优化征管流程。通过对“税务大数据”的分析，可以让我们随时发现在个税征管过程中的问题，并及时采取措施进行补救、改进；同时可以让我们更加深入地认识个税征管流程，及时发现征管流程中的不足和漏洞。其次是要创新数据采集的方式方法，实现税收数据采集的多渠道、多维度，把散落在纳税人以及多部门、多领域的碎片化的数据连接起来，构建透明高效、互联互通共享的个税信息大数据平台。为此，推进大数据深度应用，必须设计更加系统化标准化的软件，着力完善征管数据信息系统和管理机制，构建多层级的数据服务体系，有效支持各级税务机关的数据应用需求。

第十一章　创新战略下国际房产税改革趋势与借鉴

引　言

绝大多数国家和地区都对辖域内土地及地上建筑物的拥有或使用权征税，即房地产税。但是世界各国征收房产税的目的却不尽相同，美国、加拿大等国家征收房产税的目的是增加财政收入，提高公共福利；韩国、法国则强调避免投机行为，提高土地和房产的使用效率；日本征收房产税的目的则同时包括以上两种。在房地产税的计税依据上，世界各国基本可分为从价计征、从量计征、从价从量同时计征三种模式。美国、英国、加拿大等绝大多数国家都采用从价计征的方式。就税率结构而言，世界各国基本都采用比例税率，但具体形式又有所区别。随着对房地产税的不断改革和完善，发达国家基本形成了一套适应各国征税目标的完整的房产税制度。

相关学者对发达国家房产税制度进行了大量研究。任强(2015)认为，美国房产税制度“宽税基”，征收和使用在公共框架中进行，信息透明，评估技术先进。田青青(2013)论述了英国住宅税法律制度的特征，如分级计量法的结构特色、“量入为出”的设计机理、健全的评估制度和法律纠纷解决机制等。关崇明、王艳妹(2014)认为，韩国房产税制度具有明确的政策定位，设置了差别税率，提高房产保有环节税负，具有完善的房地产税收征管配套措施等。

本书将在以往学者研究的基础上，对发达国家的房产税制度进行系统总结和分析，并为我国创新驱动发展战略下的房产税改革提供借鉴。

一、国际房产税制度总结

(一)美　国

美国房地产税的征收目的是为地方政府提供稳定的财政收入,为公共服务和基础设施建设提供资金来源。美国的房地产税采用土地和地上建筑物合并征收的模式,纳税义务人为房地产的拥有者。美国房地产税计税价值的评估与征管分离,并以房产税的核定价值为计税依据。其税率采用比例税率形式,税率的制定与地方政府财政收入和支出相关,各个地区的税率也都有所不同。美国的税收优惠政策总体来说较为完善,大致可分为减免税优惠、一定范围内实行税负减免的延期优惠(低收入者、残疾人和老年人等弱势群体)和计算个人所得税时的税款抵扣(以抵押贷款方式购入、建造自用房产的贷款利息费用)三大类。同时,美国给予首套购房优惠。美国对于居民的第一套住房免收房产税,从第二套住房征收房产税。

(二)英　国

住宅房产税和营业房产税是英国房地产税在保有环节征收的主要税种,与美国相似,主要用于地方的基础设施建设和教育事业,是英国地方政府的主要财政来源。本书只对住宅房产税进行研究,英国住宅房产税的课税对象是城市中可供居住的住房,农村的住宅不在征收房产税的范围。纳税义务人分为两种纳税主体:房屋产权所有人、房屋的使用人或承租人。计税依据为纳税人拥有的一切居住房屋的评估价值,包括自用住宅和租用住宅。英国房地产税税率采用的是累进税率、定额税收、税额累进,住宅房产税的税额随住宅评估价值的增加而上升。英国的房地产税根据应税住宅所属的价值等级来课税,即应纳税额＝该住宅价值等级的税收乘数×D级住宅课税额。英国住宅房产税的税收优惠政策由免税、税额优惠、税收折扣、伤残减免四部分组成,并对优惠范围作出详细具体的规定,其中值得一提的是如果房地产位于企业内,则免缴房屋税,该政策有助于减轻企业房产税负担,支持企业的经营和发展。

(三)日　本

日本在持有期间征收的与房屋有关的房地产税即为固定资产税,对房地产征税具有给地方政府提供可靠的税收来源和维持房价稳定两种税收目标。固定资产税的课税对象是土地、房屋和折旧资产，纳税义务人为每年1月1日在市町村区域内拥有固定资产的所有者。日本的房地产税根据土地、房屋的分类，计税依据存在差异。日本房地产税采用固定的比例税形式，固定资产税的税率为1.4%。土地固定资产税的应纳税额=土地计税基础×1.4%；房屋固定资产税应纳税额=固定资产课税台账登记价格×1.4%。出于公益目的直接使用的固定资产、遭受自然灾害而损失的固定资产、以土地或房屋等形式纳税的固定资产、经过都道府长官承认的一系列固定资产都会有房产税的税收优惠。征收机构为市町村的税务行政组织。

(四)韩　国

与英美不同，韩国征收房地产税的目的在于打压房地产的投机行为。房屋财产税以纳税人拥有或使用的房屋财产为课税对象，综合土地税以纳税人拥有或使用的土地财产为课税对象。纳税义务人为物业所有者，包括土地、建筑物、住宅的所有者。韩国房屋财产税和综合土地税的计税依据为标准价值的一定比例，对住宅而言，征税比例是标准价值的60%；对土地、建筑物而言，是标准价值的70%。标准价值是估算价值的市场价值，由地方政府负责每年估算。韩国的房屋财产税和综合土地税实行比例税率和累进税率，针对不同类型的土地、物业等设置了不同的税率。[①] 国有用房、地方政府或外国政府的房产、非营利组织提供的宗教或者教育服务直接使用的房产可以享受韩国房地产税的税收优惠政策；根据房产是直接经营还是由农业合作社和渔业合作社使用，来决定房产税的豁免或减免。韩国由市和郡对房产税进行征收和管理。

二、国际房产税制度分析

(一)美　国

1.充分体现“受益税”性质

美国政府规定房地产税的50%多用于基础教育(小学、初中和高中)、40%多用于公共服务(公共安全、公共交通、市政设施等)。具体用途根据不同类型的地方政府而有所差别。总之，房产税的征收和使用充分体现了“受益税”的性质，房产税税率和使用完全通过公共选择机制加以确定。这充分

---

① 参见胡怡建等:《房地产税国际比较》，中国税务出版社2017年版，第52页。

体现了房产税“取之于民，用之于民”的基本原则。从纳税人角度看，房产税收入是“所费”，公共服务是“所得”。纳税人要比较“所费”和“所得”的关系，以评价该收支的“性价比”。

2.税率设置合理

美国房地产税税率的计算公式为：房地产税税率＝预算应征收的房地产税税额/房地产计税价值总额。其具体程序是：市、镇委员会通过预算，各级政府根据各种预算收入和总支出的情况决定征收房产地产税的数额，再根据评定的房屋计税价值确定房地产税的税率。因此美国房地产税的税率因地区不同而有所不同，且同一地区不同年份的房产税率也会有所变化。假设某地区该年经济发展迅速，房产估价较上年上涨，而地方政府的年度开支不变，则该年该地区的房产税税率同上年相比降低。这样的税率制定政策更为合理，每年应缴纳的房产税额不会因为该地区经济的发展而出现较大幅度的增长，使得每年缴纳房产税额基本稳定，因此在一定程度上促进了地区经济的发展。

3.体现公平赋税原则

大力度且多样化的税收优惠政策是美国房产税的一大特点，很多州出台了免、减、抵、退的应纳税额优惠、税率优惠、税基优惠和对于纳税时间优惠的延迟纳税。各种优惠政策帮助减轻纳税人的税收负担。比如抵免或退税，它是根据人们收入水平来确定房产税税收补助，其对低收入者实行抵免额可抵顶个人所得税或退休现金的抵免政策，减轻了低收入群体的超额纳税负担。延迟纳税，允许老年人、残疾人、低收入家庭以及农场主等按照房地产过去的价值而非新的(更高的)价值纳税，当前税款和按照房地产完全价值所纳税款之间的差额可以延期到以后缴纳。各类房产税收优惠政策大大减轻了负税能力较弱的老年人、残疾人、低收入者等的负税压力，基本实现了高收入者多缴税、低收入者少缴税或延迟缴税的公平赋税原则。同时，这一系列的税收优惠政策也使得美国房产税的征收效率大大提高。

(二)英　国

1.充实地方财政收入

由于英国的国家体制和历史等一系列原因，英国的中央政府留给地方政府的完全由其征收和支配的只有住宅房产税一种。因此，虽然在英国的税收总收入中，住宅房产税的比例并不大，但其却在地方财产税中居于主导性地位。由表11-1可看出，英国住宅房产税占地方政府总收入的15%左右，占地方自筹收入的50%以上。同美国相同，英国地方政府主要将征收住宅税所得的税款用于以下方面：(1)发展教育事业、社会服务基础设施建设、房屋或公共设施修缮、建设居民娱乐设施和公共卫生设施；(2)改善居民生活环境，改善治安和消防服务；(3)地区长远发展规划。由此可见，英国的住宅税实现了“取之于民，用之于民”，为地方政府履行公共管理职能提供了重要的财力支撑。

表 11-1　　英国房产税与地方政府收入　　单位：百万英镑

项目＼期间	2008～2009年	2009～2010年	2010～2011年	2011～2012年	2012～2013年
住宅房产税	24 759	25 633	26 254	26 451	26 715
征收的营业房产税	18 722	19 039	18 927	20 661	21 352
返还的营业房产税	20 506	19 515	21 517	19 017	23 129
地方自筹收入	46 830	47 024	47 328	47 899	48 771
地方总收入	153 820	162 257	165 204	159 694	155 306
住宅房产税占地方自筹收入的比重	52.9%	54.5%	55.5%	55.2%	54.8%
住宅房产税占地方总收入的比重	16.1%	15.8%	15.9%	16.6%	17.2%
返还的营业房产税占地方总收入的比重	13.3%	12%	13%	11.9%	14.9%

资料来源：胡怡建等：《房地产税国际比较》，中国税务出版社 2017 年版，第 66 页。

2. 体现以支定收的财政预算原则

英国地方政府对于每年的总支出进行预算，减去政府转移支付等其他收入，得出应收的住宅房产税数额，再根据其地区应纳税房产数额确定D级房产的应纳税额。这样的以支定收的住宅房产税收政策与不同地区的具体情况相适应，基本实现了税收的公平统一。

3. 具有收入分配的累退性

英国将房产按其评估价值分为A～H八个等级，每个等级定额征税，对于价值高的房产表面上会缴更多的税，但实质其税率却是累退的，这是由于应纳税额的增加率小于房产价值的增加率。以英格兰为例，H级房屋价值为D级的5倍左右，而H级的住宅房产税应纳税额却只有D级的2倍。这样的累退性拉大了社会贫富差距，降低了房产税的征收效率。

(三)日　本

1. 充实地方财政收入

第二次世界大战后，针对“夏普劝告书”中的“地方自治政府的财力薄弱”的建议，日本于 1950 年正式开征固定资产税，其目的主要为加大日本地方政府的财政收入。如今，固定资产税成为地方政府的主要财政收入来源。在日本经济的高速增长期和稳定增长期，市町村民税收入增长迅速，虽然固定资产税总量稳步提高，但其在市町村税收总额中的比重不断下降，1981 年降至31.67％的历史最低水平。在经济低迷期，固定资产税总量自 1998 年达到9.323万亿日元峰值后，出现了小幅下滑，但在市町村税收总收入中的比重因市町村民税的降低而不断上升，维持在 40％以上。[①] 由此可见，较市町村民税，固定资产税更为稳定，是地方政府稳定的财政收入来源。

2. 加剧地价的变动

固定资产税的实际税率仅为 0.17％，其对地价的影响十分有限。实际上，由于日本对固定资产税课税标准迟于地价的变化，所以在地价上升时其实际税率低下，在地价下滑期其实际税率反而上升，结果固定资产税反而加大了土地价格的变动。

(四)韩　国

韩国政府非常注重通过税收来调控房地产市场，在房产税文件中就明确规定了征收房地产税是为了提高土地和房产的使用效率，防止各类投机行为。进入 21 世纪后，投机活动更加猖獗。据统计，从全国来看，大城市房价年均上涨在 7％～10％之间。2000 年，首尔江南地区房价在每平方米 3000 美元左右，2005 年涨到了 1 万美元左右。[②] 土地、住宅和其他房地产价格的不断飙升，迫使韩国政府于 2005 年 8 月 31 日出台了《不动产综合对策》，包括税收、交易、供给、土地制度的一揽子政策。从短期来看，综合房地产税可能对部分高端物业造成一定影响，但并未明显抑制整体房价。在两次综合房地产税实施的前后几个月里，房价未跌甚至涨幅加速上升。从长期看，综合房地产税并没有起到抑制房价的作用，对于解决房价和房屋囤积的问题最多体现在短期内，且影响不大。

---

① 参见邓菊秋等:《房产税功能定位的国际比较及启示》,《地方财政研究》2016 年第 5 期。

② 参见邓菊秋:《韩国房地产税的功能定位及其评析》,《税收经济研究》2016 年第 21 期。

三、创新战略下国际房产税制度借鉴

(一)拓宽税基

现阶段我国房产税并不是对所有的房屋都征收,而仅限于城镇的经营用房。这就使得我国房产税的征收范围十分有限,流失了大部分税基。就研究发达国家的经验来看,我国应不论房屋用途,对所有的房屋都征收一定比例的房产税,以此来增加地方的财政收入。但由于我国经济的发展存在着不平衡,这种改革应该是循序渐进的,例如应先在北上广等一线城市设试点,并对改革总结经验,逐渐在全国范围内征收。与此同时,也应当制定多样的税收优惠政策,给特定的人群或特殊地区以一定的优惠,尽可能地实现税收的公平性。

(二)实行差别税率

目前,我国的税率只有1.2%、12%和4%三种,具体如表11-2所示,税率过于单一。在税率的设置上,我国可以学习国外房产税成功经验,由中央设置一个固定的税率及浮动范围,并放权给地方政府,地方政府可以在一定的浮动范围内自行设定适合本地区经济发展状况的税率。如同美国以收定支的税率设置方法,各级政府根据各种预算收入和总支出的情况决定征收房产地产税的数额,再根据评定的房屋计税价值确定房地产税的税率。在经济发展快、收入高的城市,房地产税可以较高一些,增加社会公共服务支出,在偏远的经济落后的地区,房地产税也应该与居民的承受能力相适应,增加政府的财政支持。此外,政府还可以对居民的第一套住房实施低税率或免税,而对于二套住房、高档住宅、空置房等设置较高的税率,以此降低房屋的投机需求。

表11-2 我国房产税率

房产用途	计税依据	税率
经营自用	房产原值一次减除30%后的余额	1.2%
出租房屋	房产租金收入	12%
个人出租住房	房产租金收入	4%

资料来源:中国注册会计师协会:《税法》,中国财政经济出版社2019年版,第382页。

(三)制定全面多样化的优惠政策

在税收优惠政策的制定上,我国可以向美国借鉴经验,在应纳税额、纳税时间、税率、税基等方面给予不同程度和方式的优惠。例如可以对于居民购买的第一套非营业性自用房产、慈善机构的非营业性自用房产等实行免税优惠;对于低收入者、残疾人及老年人等弱势群体实行直接减免或延迟纳税的税收优惠;对于以抵押贷款方式购入、建造第一套自用房产的居民,其贷款利息费用可在房产税计税依据中扣除的税收优惠。全面且多样化的税收优惠政策尽可能体现税收的公平性原则,提高房产税的征收效率。同时,税收相关部门应明确界定可享受税收优惠的人群和房产,以此防止"钻空子"的行为。

(四)完善房产税税收管理制度

在房产税的收入和归属上,房产税应为地方政府具有完全支配权的地方税,地方政府是房产税的征收主体,且应做到"取之于民,用之于民",将房产税用于教育、公共设施建设等可增强人民幸福感的方面。在征管模式方面,我国应完善房屋所有人或使用者的财产信息登记制度,建立电子信息库,全面记录居民的个人财产并及时更新,为确定纳税人是否可享受税收优惠等提供方便。在争议解决机制方面,我国应设置独立于税务机关与财产评估机构的第三方机构,对居民提出的争议按照相关法律进行审查。

第十二章　创新战略下我国房产税改革研究

引　言

房产税作为世界通行的税种，是典型的财产税。在不少地区，房产税是国家与地方财政收入的重要组成部分。目前，我国仅在上海、重庆两个城市进行房产税改革试点，还没有全面开征，但随着近年来高房价由大城市蔓延至小城市，全国房地产市场都处于高速发展与兴起的状态，房产税全面征收问题不断被提上议程，成为公众关注的热门话题。

对于房产税何时在我国全面开征这个问题，有的人认为房产税全面开征还为时尚早，有的人则认为房产税全面开征的时代即将来临。而十八届三中全会通过的《中共中央关于全面深化改革若干重大问题的决定》则要求"加快房地产税立法，并适时推进改革"，从这一决定可以看出房产税全面征收已不远矣，房产税改革更是迫在眉睫。

对于房产税是否能够成为我国地方财政收入的主要来源，国内的学者观点较为一致，都持否定的观点。白彦锋(2012)认为，房产税作为一类财产税，具有财产税的特性，外加房地产市场具有复杂性，这两点导致了房产税改革过程步履维艰，而我国在中长期发展中也存在一些可能使房价丧失长期上涨动力的社会因素，从而使房产税丧失其未来成为地方税主体税种的基础和前提。对于房产税是否能够降低房价这一问题，国内研究大多以 2011 年开始作为试点的上海、重庆两地房产税为对象进行绩效评估。徐宁、吴福象(2012)发现房产税试点只能在一定程度上起到稳定房价的作用。王家庭、曹清峰(2014)对房产税试点中的商品房、住宅、高档住宅三类价格进行检验，结果表明房产税使住宅价格明显降低，但对其余二类价格的作用不明显，没有与政策预期效应相呼应。在房产税能否调节居民收入分配这一方面，国内学者说法不一。詹鹏、李实(2015)认为,我国居民房产税与收入不平等,需要科学合理地制定居民房产税税制。何辉、樊丽卓(2016)根据我国城镇居民调查数据,测算征收房产税前后的基尼系数,发现税后城镇居民的基尼系数有所降低,收入分配效应呈正效应,并随着收入的增加而呈现不断增强的趋势。

可见,目前学者普遍认为我国试点房产税制度存在很多问题,对房产税的功能定位、实施效果等并未形成一致意见。本书对我国现行的房产税试点政策进行分析,指出存在的问题并提出改革建议。

一、我国房产税制度总结

(一)房产税现状

我国房产税尚且处于中期发展阶段,现行的房产税条例是根据 1986 年 10 月 1 日开始实施的《中华人民共和国房产税暂行条例》征收的。财政部公开数据显示,2016 年,我国税收总收入为 130354 亿元,房产税收入为 2221 亿元,同比增长 8.3%,占税收总收入的比重为 1.7%;2017 年,我国税收总收入为 144360 亿元,房产税收入为 2604 亿元,同比增长 17.3%,占税收总收入的比重为 1.8%。由此可以看出,近两年以来,房产税税收情况呈现出稳定并逐渐增长的趋势。

2011 年,上海、重庆两个城市率先对个人住房征收房产税,未在全国范围内进行征收。两地均以 1986 年颁发的《中华人民共和国房产税暂行条例》为基础,根据实际情况在具体细则上进行了相应的修改,便于两地实施操作。由于两地征收房产税的侧重点不同,因此两地的房产税试点征收方案和实施细则也不尽相同,存在着一定的差异,具体如表 12-1 所示。

表 12-1　　上海、重庆房产税试点实施细则

<table>
<tr><td rowspan="2">纳税人</td><td colspan="2">上海</td><td colspan="2">重庆</td></tr>
<tr><td colspan="4">产权所有人</td></tr>
<tr><td>征收范围</td><td colspan="2">整个行政区域</td><td colspan="2">仅针对主城九区</td></tr>
<tr><td rowspan="2">征税对象</td><td>上海户籍</td><td>新购且属于该家庭第二套及以上的住房</td><td>“三无”个人</td><td>新购第二套及以上的住房</td></tr>
<tr><td>外地户籍</td><td>新购的住房</td><td>非“三无”个人</td><td>个人拥有的独栋别墅及新购的高档住房</td></tr>
</table>

续表

<table>
<tr><td rowspan="2">纳税人</td><td>上海</td><td colspan="2">重庆</td></tr>
<tr><td colspan="3">产权所有人</td></tr>
<tr><td rowspan="2">税率</td><td rowspan="2">统一税率为 0.6%,但对每平方米市场交易价格低于当地均价 2 倍(含 2 倍)以下的房产,税率减至 0.4%</td><td>“三无”个人</td><td>新购的第二套房(含第二套)以上的普通住房,税率统一为 0.5%</td></tr>
<tr><td>非“三无”个人</td><td>对于房价达到当地均价 2～3 倍的房产,将按房产价值的 0.5%征税;对于房价达到当地均价 3～4 倍的房产,税率为 1%;4 倍以上,税率为 1.2%</td></tr>
<tr><td>计税依据</td><td>房产交易价格的 70%</td><td colspan="2">房产交易价格的 100%</td></tr>
<tr><td rowspan="2">免税面积</td><td rowspan="2">人均 60 平方米(含 60 平方米),以家庭为单位</td><td>“三无”居民家庭</td><td>无</td></tr>
<tr><td>非“三无”居民家庭</td><td>2011 年 1 月 28 日前拥有的独栋商品住宅,免税面积为 180 平方米;新购独栋商品住宅、高档住房,免税面积为 100 平方米</td></tr>
<tr><td>退税政策</td><td>第二套住房购入后一年时间内,卖出第一套住房,则退税</td><td colspan="2">暂无</td></tr>
<tr><td>税收用途</td><td>用于保障性住房的建设</td><td colspan="2">用于公共租赁住房的建设和维护</td></tr>
</table>

资料来源:中国注册会计师协会:《税法》,中国财政经济出版社 2019 年版,第 385 页。

(二)房产税功能

许多人对房产税有一定的误解,认为它是新时代的产物。实际上,房产税是一种历史悠久的古老税种,被各国政府广泛采用。在我国,房产税的历史可以追溯到几千年前的周朝时期,当时的“廛布”被称为最初的房产税。更为重要的是,房产税本身具有深层次的内在功能。由于每个国家征收房产税的目的不同,因而其功能定位也不尽相同,而在我国,房产税的功能主要有以下几点:

1.增加财政收入,筹集公共资金

房产税作为一种地方税,其最基础的功能便是增加地方财政收入,其他功能都是在此基础上派生出来的。我国税收制度一直以来便是“中央富、地方穷”,地方财政收入的增加能够从一定程度上改善这种状况,有利于我国财政税收体制的进一步完善,同时帮助政府合理调整财政结构。

房地产作为一种不动产,本身具有非流动性,又同时满足受益性原则、能力原则,房产税税源价值会稳定增长,这几个条件为房产税成为地方税主体税种提供了得天独厚的优势,为地方财政收入提供稳定且有弹性的收入来源。财政收入得以增加后,政府便能够拥有更为充足的资金,有能力将多余的资金投入到创新创业活动中,可以针对某些特殊创新型企业给予补助,实现精准扶持。比如政府可以针对一些高投入的科技型企业,每年给予一定的研发费用补贴,帮助其成长。

在“公共理论”中,政府为房地产的拥有者和使用者提供了一系列的公共服务,保障并改善了其生活水平。根据“受益者负担”原则,房地产的所有者和使用者享受到了该项服务,他们是受益者,就要承担相对应的成本。因此,政府会向受益者征收一定的费用,以此来分摊提高公共服务的成本,这笔费用便是房产税,而房产税在被征收上去后将又会被用于提供卫生、教育、医疗及公共设施的完善与建设,如此循环。这就相当于纳税人给政府交了一笔钱,这笔钱便是受益者支付给政府的对价,而纳税人则能享受到公共事业水平的提升,从中获得切实的好处。

因此,从实质上来说,房产税通常被认为是一项费用,而不是一种税。征收房产税也被认为是为了筹集公共资金,再将其用于提升公共服务。公共服务的增加使得房屋居住品质得以提高,而居住品质的提高使得人民有动力进行创新创业,鼓励其追求更高的人生目标与个人价值,提高经济增长质量。

2.有效调控房价,优化资源配置

我国开征房产税的目的有许多,但很大程度上是为了有效调控房价,抑制炒房投机行为。随着我国经济的繁荣发展,人民生活逐年富裕,投资意识增强。但我国投资市场尚在发展阶段,投资渠道有限,且各种投资方式鱼龙混杂,不符合稳定盈利的预期,于是人们便逐渐将目光转移至房屋上。房屋作为不动产,具有极大的稳定性,再加上近几年来房地产市场的高速发展,房价不断上涨,房屋价值也随之不断上升,而房产则逐渐从刚需品转变成投资品,具有了一定的投资属性。越来越多的人开始炒房,人为地带动了房价的上涨，而房价的上涨又刺激了投机行为，两者相辅相成。而开征房产税，可以使购房者的持有成本上升，出于对成本的考虑，不必要的投机需求会得到抑制，使得投机行为减少，同时也可以有效稳定房价，防止房地产市场泡沫经济的发生。炒房投机的行为受到抑制，使得房地产赚钱效应下降，人民便不会将更多的目光投向房地产，一部分的资金将从房地产市场流出，进一步流入到实体经济中，提高经济发展的活力。

从资源配置的角度来说，层出不穷的炒房事件导致了房地产市场资源的扭曲与错位。对于投机者来说，购买多套房屋不是为了满足个人需求，这样的行为无疑抢占了他人资源，使得真正的需求者购买不到房屋。虽说市场是“一只看不见的手”，在资源配置过程中起决定性作用，但政府干预也是必不可少的，政府征收房产税能在一定程度上影响到投机者的心理，使其抛出多余的房源，从而在达到有效抑制投机行为的同时还能够优化房屋资源，减少“空房、多房”现象，提高房屋的实际利用率。

3.调节收入分配，缩小贫富差距

收入差距过大会引起一系列的社会问题。首先，收入不平等会导致社会不稳定，从而给经济增长带来负面影响。此外，收入不平等还会加剧不同社会阶层之间的矛盾。贫富差距的扩大及收入不平等还将对创新创业起到负向激励作用，由于创新创业的高风险、不稳定性，使得更少的人愿意将自身仅剩不多的资金投入到创新创业活动中，不利于提高经济增长的活力。

房产税作为一种直接税，其税负难以转移，征税对象是房产，能够实现税负的累进性，这实际上是对收入的再分配。通常来说，高收入家庭会更倾向于购买高价位的房屋，而普通收入家庭则倾向于中低价位的房屋，由于房产价值的不同，高收入家庭相应缴纳的房产税也会更多。房产税征收后，所得收入将会以政府转移支付的方式分配给低收入者，从而调节收入不平等的问题，缩小贫富差距。

二、我国房产税试点制度存在的问题及原因

自2011年我国房产税试点征收以来，虽然取得了一定成效，但实际结果与预期结果还是出现了一定的偏差，可以说征收房产税的作用并没有完全发挥出来。从上海、重庆两地的房产税改革试点可以看出，房产税改革尚未成功，房产税征收制度还面临着如下几个问题：

(一)征税覆盖范围小

在上海的房产税试点方案中,征税对象按是否本地户籍家庭分为两类:若为上海户籍家庭,征税对象则为在上海新购且属于该家庭第二套及以上的住房;若为外地户籍家庭,则为在上海新购的住房。从中不难看出,此次上海房产税改革征税范围偏小,主要针对的是新增房产,属于增量房的范畴,而以往的存量房并没有被包括在征税范围内。这对于那些在以往就购买了多套房产的人来说,该项政策对他们并不适用,他们不需要缴税金,因此这些投机者成为了这次房产税改革的最大受益者。而对于那些新的购房者来说,若他们购买房屋的原因是出于刚性需求而非弹性需求,那么该项政策无疑是加重了他们的负担,增加了他们的购房成本,这些真正的需求者便成为了这次房产税改革的最大受害者。在这种情况下,投机者和需求者之间形成了鲜明的反差,房产税的征收反而起了反作用。

在重庆的房产税试点方案中,征税对象按是否"三无"人员分为两类:若为非"三无"人员,则征税对象为个人拥有的独栋别墅和新购的高档住房;若为"三无"人员,只要是新购的房产,不论其购买的是普通住房还是高档住房,都要纳入征税范围内。由此可见,重庆房产税改革的征税范围也不大,主要针对的是个人拥有的高端住房和外地炒房族在重庆市内所购买的房产。这样的政策看似很人性化,但其中也存在着一些潜在的弊端。在这样的政策下,高端住房的需求确实得到了有效的抑制,导致人们只能将更多的目光关注在偏中低价位的房屋,这意味着变相导致了中低价位房屋价格的上涨,反而增加了那些普通阶层人民的购房成本与负担,使他们买房难上加难。

此外,征税范围过小,税源不充足,导致所得的房产税收入过少,不能成为地方财政收入的主要来源,不利于政府调控收入,这是此次两地房产税试点改革征税范围的共同点。

(二)税率设计不公平

在此次房产税改革试点中,两地的房产税税率都较低。上海、重庆两地实行的税率均为差别化税率,其中上海的税率共分为两档,分别为0.4%档和0.6%档;而重庆的税率分为三档,分别为0.5%档、1%档和1.2%档。相比较而言,上海的整体税率更低一些,更侧重于能够柔性切入的低税收负担,重庆的整体税率则要高一些,更侧重于税负的公平性和累进性。而在实际征收房产税时，又因为两地房产税的起征点较高，在低税率的同时又设有比较大额度的免税面积，因此实际征收基础为扣除相应免税面积后的数值再乘以适用的税率。从某种程度上来说，低税率和大额度免税面积的做法意味着政府减少了对房产税税款的征收，使得纳税人的税收负担得以下降了，但实际上这样的做法也进一步降低了税率。而税率并非越低越好，税率越低，就表明课税的深度越浅，那么征收房产税的效果就无法完全体现出来。

从调控房价和抑制炒房投机的角度上来说，若房产税税率较低，而房地产的价格上涨率却远高于该税率，那么房价将不会受到抑制，并且还会持续不断上涨。而房价上涨就是对炒房投机行为最有用的一种激励方式，因此炒房投机行为也不会受到影响，那么房产税的作用便没有完全凸显出来，上海和重庆的房产税试点便属于这种情况。若房产税税率较高，房屋持有成本上升，那么房价会大幅度下降，炒房投机行为会随着房价的下降而相应受到较大幅度的抑制，而那些拥有多套房产的房主也会考虑将多余的房产进行出售，从而增加了房源供给。但同时房价的下降也会大范围影响到房地产行业的发展，从长期来看，将不利于整个房地产行业的健康发展。

税率过低，抑制投机作用不明显，人们仍然倾向于将资金投入房地产市场，而非投入到实体经济中，不利于提高经济发展的动力；反之，税率过高，房地产价值下降，融资问题则成为实体经济面临的另一障碍，同样不利于经济的健康发展。

（三）计税依据不严谨

此次房产税改革试点中，上海、重庆两地均有提到“初期暂以房产的市场交易价格作为计税依据，待时机成熟后再以房产评估值作为计税依据”。虽经多年的试点实践，房产税仍未发展成熟，现今两地的房产税仍旧以市场交易价格为计税依据，其中上海以房产市场交易价格的70%作为计税依据，重庆以房产市场交易价格的100%作为计税依据。两地的计税标准并不一致，上海的计税依据更像是采用一种折扣的方式，在原来的交易价格上扣除30%的部分，而重庆的计税依据就是市场交易价格的原值。相比较而言，上海所制定的计税依据标准更低一些，重庆的标准更高一些，但与此相矛盾的是，上海市民收入相对较高，重庆市民收入相对较低，这显然违反了税收公平原则。

此外，以市场交易价格为计税依据还有着其内在的缺陷。一是市场交易价格并不等价于房产的真实价值，市场交易价格是过去既定的价格，不会发生变化，但房产会随着周边环境的变化和房价的波动而发生价值上的增加或减少。在多数情况下，房产会随着房价的上升而上涨，其真实价值一般会高于当时的市场交易价格。若房产价值上升了，缴的税还是跟以前一样，未免有失公允。同理，若房产价值下跌了，却还是要缴跟以前一样多的税，同样是不合理的。二是市场交易价格是一个相对而言比较容易做手脚的数据，将其作为计税依据，可能会发生道德风险问题，而且概率可能并不小。房产交易双方可以通过一些暗地里的手段与方式，人为降低账面交易价格，从而试图避开房产税，实现少纳税或者不纳税的目的，致使税款的流失。因此，市场交易价格并不能完全保证真实性，如何确保房产交易价格的真实性成为一大问题。

三、创新战略下我国房产税制度改革建议

（一）适当拓宽征税范围

我国现行的房产税是以房屋为征税对象，以房屋的计税余值或租金收入作为计税依据，向产权所有人征收的一种个别财产税。其中，《中华人民共和国房产税暂行条例》特别规定了对于个人所有非营业用的房产免征房产税，其征收范围仅限于城镇的经营性房屋。由此可见，我国房产税征税范围既不包括个人住房，也不包括农村房屋。而上海和重庆两个城市虽然率先对个人所有非营业用的房产开征了房产税，但其征税范围也仅针对部分个人住房。事实上，在多数经济发达的国家，房产税征税范围涵盖了农村和城市的所有房地产，其税基非常大，税源很充足。因此房产税的改革应先从征税范围入手，突破“窄税基”的限制，适当拓宽征税范围，使其发挥出其应有的调控效果。

毋庸置疑，未来开征个人住房房产税将会是大势所趋。但在此次上海和重庆的改革试点中，两地房产税征税范围过小，不能起到应有的效果。个人住房房产税的开征应覆盖所有的个人住房，不能只针对增量型房产，存量型房产也应纳入征税范围内。

而对于是否应该向农村征收房产税，不同的人有不同的观点。一种观点认为现在我国农村经济发展水平在不断提高，因此应该将农村房屋纳入征税范围；另一种观点则认为向农村征收房产税的成本较高，其难度也较大，因此不应将农村房屋纳入征税范围。个人认为随着未来房产税制度的

逐渐完善，向农村征收房产税只是时间问题，但在当前情况下，确实不适合向农村征收房产税。若要向农村征收房产税，首先就得解决“如何去评估、如何去征收、是否适合征收”这三个棘手的问题。因此，基于我国目前的状况，征税范围的拓宽应分两步进行，即在短期时间内对农村房产予以税收优惠或免税待遇，但在长期制度设计上要先将其纳入房产税征税范围。

我国房产税还处于探索发展阶段，在实际操作中不能急于求成，在拓宽征税范围的过程中，应该遵循“三个缓慢过渡”原则，即缓慢由城镇房产过渡到农村房产，缓慢由经营性房屋过渡到个人住房，缓慢由增量型房产过渡到存量型房产。

（二）合理设置计税依据

目前西方经济发达国家的房产税计税依据多采用的是“市场评估值模式”，而我国则主要采用“原值的余值模式”和“市场交易价格模式”。“市场评估值模式”即以该项房产的市场评估值作为计税依据缴纳房产税，该种模式相对来说发展较为成熟，美国等多个发达国家采用的便是这种模式。全国通行的《中华人民共和国房产税暂行条例》采用的则为“原值的余值模式”，该模式分别适用于从价计征与从租计征。对于从价计征的房产（即自用房产），其计税依据为房产原值一次减去10%～30%后的余值；对于从租计征的房产（即出租房产），以租金收入为计税依据。而上海、重庆两地的房产税试点均采用“市场交易价格模式”，即以购买该项房产时的市场交易价格作为计税依据。

由于客观条件限制，我国房产税暂不能实行“市场评估值模式”。而此次房产税试点改革采用的“市场交易价格模式”是对我国房产税计税依据的重要改革与重大突破，预示了将来的房产税改革趋势，也为未来我国全面实行“市场评估值模式”打下了良好的基础。

采用房屋评估值作为计税依据难点在于如何保证评估结果的高效、公正、合理。在现实生活中，房屋的价值受到多项因素的影响，所处地理位置、周边环境、公共设施条件等都是影响因素之一，在多重因素的作用下，房屋的价值很难正确把握。同时，选择不同的评估手段和参数，很有可能会导致完全不同或者差距过大的结果，评估人员也可能存在着职业道德风险。为避免这些弊端，就必须确定一个科学、可行的评估标准，既要包括评估方法、各类参数指标的选择，也要包括调整和修正的幅度，以此来最大限度地确保标准的刚性而减少评估人员随意操纵空间。此外，正确评估房产价值需要一套真实完整的评估机制,同时,需要完善相关配套设施,设立相应的房产评估机构。

由于房屋评估技术性较强,需要投入大量的时间金钱与精力,非一朝一夕就可做到,因此,我国的房产税计税依据可先采用“市场交易价格模式”,待时机成熟后,再慢慢过渡至“市场评估值模式”。

(三)科学设置适用税率

我国地域辽阔,各地区的经济发展水平与税负承担能力不同,在这样的情况下,如何因地制宜、科学制定房产税税率是房产税制度设置中的难题。房产税作为一种直接税,具有难以转嫁的特征,各地房产税税率的制定应尊重民意,政府可以通过网络、讲座、投票等多种途径与方法来广泛征求群众的意见。房产税税率的制定应该因地制宜,充分考虑各地实际情况,过高或过低的税率都是不可取的。可以先从较低税率慢慢过渡到合理税率。同时,要保护纳税人的利益,切实做到“取之于民,用之于民”,提高房产税的使用效益。

第十三章　创新战略下国际环保税改革趋势与借鉴

引　言

环保税的雏形是 Pigou 在其著作《福利经济学》(1920)中提出的“庇古税”，即利用税收或补贴消除外部性，使私人成本等同于社会成本。数年后 Baumol 及 Oates 在《环境政策理论》(1971)中，提出了标准收费法，在不计算最优外部成本和污染量的前提下使外部成本内部化，设定了最小安全基准的环境政策目标。环保税理论真正走入大众视野的里程碑是 1972 年经济合作与发展组织(OECD)通过的一项协议中提出的“污染者付费原则”(Polluter Pay's Principle)。这项原则在 2008 年 OECD 出版的同名书籍《污染者付费原则》中定义为：污染者不只应支付降低污染的费用，而且应该支付任何防止及控制污染的成本。1973 年爆发的石油危机，使这项原则很快成为 OECD 各国制定环保税制的一项基本原则。20 世纪 90 年代，OECD 国家提出了通过环保税实现经济发展及环境友好的双重目标。

关于环保税能否促进企业技术创新方面的研究，最早可追溯至哈佛大学商学院教授 Michael Porter 于 1991 年提出与传统经济学相悖的“波特假说”，他认为严格环境管制可激发企业技术创新，带动企业发展，抵消相应成本，从而提高厂商利益。Mitsutsugu Hamamoto(2005)证明在日本制造业中，受环境监督严格管束的研发投入增加对全要素生产率的增长率有显著正向影响。ITO Yasushi(2009)阐述了瑞典环境税促进当地供热行业的技术创新，促使供热燃料从石油燃料大量变为生物质燃料。Dmitry、Timur

和 Anton(2013)研究得出环保税收的过度增长可能会不利于企业技术创新。Anabel 和 Jaime(2015)研究了环境税对西班牙企业效益和区域增长的影响,进一步验证了绿色税收能够推动企业技术变革从而提高生产率。齐绍洲、徐佳(2018)比较了二十国集团中 16 个国家 1995～2009 年的制造业数据,证明在短期内严格的环境规制带来的技术创新效应还未超越成本遵循效应,而这种负向影响在发展中国家和贸易开放度较高的国家更为显著。

可见,环保税能否促进企业技术创新关键在于环保税的制度设计。中国环境保护税于 2018 年 1 月 1 日式开征,这是我国在建立"绿色税制"、完善税收法律体系上迈出的重要一步,其立法的宗旨为"保护和改善环境,减少污染物排放,推进生态文明建设"。在我国通过的《中华人民共和国环境保护税法》中,环境保护税的征税对象为"工业噪音、大气污染物、水污染物、固体废物",其前身为"排污费"。因我国环保税制的"费改税"的实践才刚刚起步,在其税制如何设计以促进创新以及科技进步方面尚需完善,本书将着重分析发达国家环保税制度的有益经验,为我国创新驱动发展战略下的环保税的改革提供借鉴。

一、国际环保税税制总结

(一)英 国[①]

英国现行环保税中主要包括两部分,即围绕废气污染的大气污染税,围绕垃圾排放的垃圾填埋税,此外还有一些其他零星税种。

1. 大气污染税

英国的大气污染税主要包括气候变化税、航空旅客税、路税。

(1)气候变化税

英国气候变化税(Climate Change Levy,CCL)于 2001 年正式实施,征收对象为企业使用的各类主要能源,例如电力、天然气、石油液化气等,目的在于促使企业更多地使用清洁能源,减少石油、焦油等传统燃料带来的大气污染。具体税率如表 13-1 所示,由表中数据可以看出,英国的气候变化税税率不断提高,尤其 2018～2019 年的税率提高明显。

---

① 本部分内容中的相关数据来源于英国政府网站(https://www.gov.uk)。

表 13-1　　英国气候变化税税率

时间	应税商品	税率
2017/04/01	电力	0.00568 英镑/千瓦时
	天然气	0.00198 英镑/千瓦时
	液态石油气或其他气态烃	0.01272 英镑/千克
	其他燃料(煤和褐煤;焦炭和褐煤或褐煤的焦炭;石油焦)	0.01551 英镑/千克
2018/04/01	电力	0.00583 英镑/千瓦时
	天然气	0.00203 英镑/千瓦时
	液态石油气或其他气态烃	0.01304 英镑/千克
	其他燃料(煤和褐煤;焦炭和褐煤或褐煤的焦炭;石油焦)	0.01591 英镑/千克
2019/04/01	电力	0.00847 英镑/千瓦时
	天然气	0.00339 英镑/千瓦时
	液态石油气或其他气态烃	0.02175 英镑/千克
	其他燃料(煤和褐煤;焦炭和褐煤或褐煤的焦炭;石油焦)	0.02653 英镑/千克

资料来源:英国政府网站(https://www.gov.uk/government/organisations/environment-agency)。

另外,英国不只对可能带来污染的燃料征税,而且还制定了一系列相关措施鼓励使用清洁的新能源和减排新技术。

①气候变化协议(Climate Change Agreements,CCAS)

在此协议下,高能耗企业自愿减少能源排放,达到协议的二氧化碳减排目标,即可享受气候变化税折扣,具体折扣如表 13-2 所示。英国的气候变化协议和气候变化税可以促使企业为达到减少污染排放的目标而更新排放技术。

表 13-2　　英国气候变化协议折扣表

应税商品	2017/04/01	2018/04/01	2019/04/01
电力	90%	90%	93%
天然气	65%	65%	78%
石油气或液态的其他气态烃	65%	65%	78%
任何其他应税商品	65%	65%	78%

资料来源:英国政府网站(https://www.gov.uk/guidance/climate-change-agreements-2)。

②对部分技术和部门的税收豁免

英国对于应用可再生能源发电的企业(如风能、太阳能发电等)予以税收豁免,从而更多企业会倾向于选择可再生能源发电技术,实现能源利用的更新换代。而对于一些其他的新技术,英国也有相关豁免:环境、食品及农村事务部实施的热电联产项目、空气对流能量回收系统、空气压缩技术、热泵技术、锅炉技术、管道绝热技术等予以税收豁免;住宅、交通部门及慈善机构等部门免税。

③税收收入循环

西方政府为推进环境税的实行,普遍使用税收收入循环的方法,而英国的环保税收入循环主要通过三个途径:第一,出于"税收中立原则"降低0.3%的企业为雇员缴纳的英国国民社会保险税(National Insurance Contributions,NICs)。第二,实行针对节能技术的提高投资补贴方案(Enhanced Capital Allowances,ECA),当企业投资符合能源效率标准的设备或节能技术清单上的技术时,可在应缴税额中免除投资额,这一方案直接地提高了企业对相关设备及节能技术的投资。第三,将环保税收入投资于碳基金及其他资助项目,促进环境保护。

④碳信托

英国政府支持碳信托公司围绕低碳经济提供的相关咨询服务,例如能源信息等。同时,此类公司还能从投资者手中获取资金用于协定好的温室气体减排项目,然后再在规定期限内将获得的收益分配给投资者。

⑤网电价补贴政策

这一政策是英国政府对小规模(发电能力小于5兆瓦)低碳发电技术的扶持,自2010年开始实行,主要包括水能、风能、太阳能光伏、厌氧分解、家庭微型热电联产等方式的小规模低碳发电,这一措施主要面向家庭和个体商户。在英国,微型发电即使不上网,仅用于自用,也可领取这一补贴,鼓励自用低碳发电技术。

⑥可再生供暖激励政策

在英国,采暖占能源消费的49%,排放的二氧化碳也相应达到了碳排放的50%。针对这一情况,英国于2011年实施可再生供暖激励政策,面向所有的社区、公共基础设施及企业。利用再生能源采暖的家庭,此补贴约可达1000英镑。

(2)航空旅客税

英国的航空旅客税于1994年正式开征,由旅客负担,各航空公司代收。

飞机在飞行过程中排放废气，征收这一类税的目的在于由旅客弥补飞机造成的环境污染。

这一税种首先根据飞行距离将旅客划分为两个组别：从伦敦到最终目的地国家首都的距离在0～2000英里为A组，在2000英里以上为B组。在确定组别后，每个组别又可以根据飞机规模和旅客数量分为三种税率：低税率（适用于座位间距小于40英寸的飞机）、标准税率（适用于座位间距大于等于40英寸的飞机）、高税率（适用于20吨以上且搭载乘客少于19名的飞机）。具体税率如表13-3所示。

表13-3　2018年英国航空旅客税税率

目的地组别	低税率	标准税率	高税率
A组	13英镑	26英镑	78英镑
B组	75英镑	150英镑	450英镑

资料来源：英国政府网站（https://www.gov.uk/guidance/rates-and-allowances-for-air-passenger-duty）。

（3）路税

英国的"路税"指汽车消费税，征税对象为汽车车辆，征收这一类税的目的在于鼓励国内小排量汽车的生产及使用，限制大排量汽车的广泛使用。2017年4月1日，英国的路税进行了一次较大的改革，自当日起新注册的英国车辆第一年需根据其二氧化碳排放量及其燃料种类缴纳税金。具体税率如表13-4所示。

表13-4　2018年英国路税首次缴纳税率

二氧化碳排放量（克/公里）	汽油及柴油税率（英镑）	其他替代燃料税率（英镑）
0	0	0
1～50	10	0
51～75	25	15
76～90	100	90
91～100	120	110
101～110	140	130
111～130	160	150

续表

二氧化碳排放量(克/公里)	汽油及柴油税率(英镑)	其他替代燃料税率(英镑)
131～150	200	190
151～170	500	490
171～190	800	790
191～225	1200	1190
226～255	1700	1690
大于 255	2000	1990

资料来源:英国政府网站(https://www.gov.uk/vehicle-tax-rate-tables)。

此后,汽车每年需要缴纳基础路税,这一税率根据燃料不同存在差异:以汽油和柴油为燃料的车辆为 140 英镑/年;以替代燃料如混合动力、生物乙醇及液化石油气为燃料的车辆为 130 英镑/年;以电力供能的电动车为 0 英镑/年。此外,购买时标价超过 4 万英镑的汽车需要从第二年开始缴纳 5 年 310 英镑每年的附加费。

英国此前的路税不涉及车辆的标价,并且在二氧化碳的排放量上也相对宽松,新路税政策更加注重二氧化碳对环境的影响。同时英国也对传统燃料征收较高的税率,促使汽车行业整体采用电力供能,实现清洁燃料的普及使用。

2.垃圾填埋税

垃圾填埋税是英国政府自 1996 年开始向居民个人征收的税种,其征收目的是为了建立国民环保意识,减少生活垃圾,促进资源的循环利用。

在税额计算中,居民倾倒的垃圾被分作三类:

一是免税垃圾。此类垃圾回收再利用的价值非常高,完全可以再次投入生产并被使用,因此对此类垃圾不征垃圾填埋税。

二是低税率垃圾。此类垃圾无危险,潜在的温室气体排放能力低,并且对垃圾填埋场的环境造成的污染较小,能够比较完全地分解,但几乎无法被再利用。对此类垃圾征收的税率为 2.7 英镑/吨。

三是一般垃圾。此类垃圾具有较为严重的污染性,对环境的影响较大。自开征之初,此类垃圾征收的税率为 7 英镑/吨,1996～2004 年每年增长 1 英镑/吨,2005～2008 年每年增长 3 英镑/吨,2008～2014 年每年增长 8 英镑/吨,最近税率增长减缓,2018 年最新的税率为 86.1 英镑/吨。

2015年4月，英国引入了“点火损失”(LOI)的灼烧测试方法以避免对于垃圾分类的错误界定：LOI值在10%以下的垃圾归为低税率垃圾；LOI值在10%以上则归为一般垃圾。

对于垃圾填埋税，英国政府也规定了部分免税情况。例如从内陆水道和港口通过疏浚和废弃填埋处理的垃圾、采矿采石作业的垃圾、宠物墓地、填补采石场的垃圾以及访问部队产生的垃圾等，只要符合了规定的条件即可获得税收豁免。

(二)瑞　典

瑞典是最早使用环保税治理环境污染的国家之一，现行环保税制包括了能源税、污染税、水资源税等一系列税目。

1. 能源税

瑞典最早在1929年就开征了燃料税，当时的征税对象仅为汽油及酒精。20世纪70年代，以石油为主要能源供给的瑞典接连遭遇两次世界石油危机，石油的进口费用成倍增长，使得瑞典的经济受到重创，经济发展大大减缓，由此瑞典就下定决心摆脱石油的“控制”。1995年，瑞典加入欧盟，提高能源税税率。2004年，提高二氧化碳排放量和能源产品的消费税税率。2010年，瑞典发表宣言《迈向2020无油国家》。

能源税的征税目的非常明确，即部分造成较大污染的能源要缴更多的税额，以此促进清洁能源广泛应用，减少能源消耗带来的环境污染；同时，征收该税也有助于瑞典减轻对石油的依赖，将瑞典的能源重心放到清洁及可再生能源上。2015年瑞典的能源税体系及税率如表13-5所示。

表13-5　　2015年瑞典能源税税率

税目	具体种类	税率
汽油税	含铅汽油	0.7440欧元/升
	无铅汽油	0.6681欧元/升
燃油税	煤	12.56欧元/吨
天然气	商用	0.0077欧元/立方米
	非商用	0.0108～0.1507欧元/立方米
电能	商用	0.0005欧元/千瓦时
	非商用	0.0010～0.0705欧元/千瓦时

续表

税目	具体种类	税率
柴油税	柴油	0.2034～0.2508 欧元/升
碳燃料与石油焦	—	310.7 欧元/吨
液化石油气	固定用途	377.0 欧元/升
	运输用途	0.2639 欧元/公斤
甲烷	固定用途	6.46 欧元/千兆焦耳
	运输用途	3.27 欧元/千兆焦耳

资料来源：瑞典统计局网站（http://www.scb.se/hitta-statistik/statistik-efter-amne/miljo/miljoekonomi-och-hallbar-utveckling/miljorakenskaper）。

2005 年，瑞典曾面向工业领域出台“五年计划”以提高其能源使用效率。约 180 个参与此计划的用电密集型行业获准减税，但同时它们必须制定规划和方案以减少能源使用。而此项计划最后的成果是为瑞典节省了约 1.45 万亿瓦的电能。2016 年，此项计划再次启动，此次它涉及了 90 个行业，其成果见效仍需时日。2017 年，瑞典计划扩大生物燃油能源税的减免，同时延长其对环保能源汽车的税收优惠减免期限至 2019 年，继续鼓励环保能源汽车的使用。

2. 污染税

瑞典污染税主要可分为污染物税、道路税及航空税、垃圾税等。

(1)污染物税

污染物税包括二氧化碳税（简称“碳税”）、二氧化硫税（简称“硫税”）、二氧化氮税、氮氧化物税等。碳税向交通及热力部门征收，其主要征税对象是除部分生物燃料和泥煤以外的燃料燃烧释放的二氧化碳；硫税主要征税对象是煤和泥煤，因为煤燃烧释放大量二氧化硫会造成一定的环境污染；二氧化氮税主要针对锅炉、火电厂等征收，但在生产中产生的二氧化氮量可被能源生产量抵消，最后的净二氧化氮才需按规定缴税；氮氧化物税针对有效能源年产量大于 2500 万千瓦时的企业排放氮氧化物征税，但瑞典政府将排放量高于平均值的企业收缴的税款悉数返还给排放量低于平均值的企业，此举征收第一年就让使用减排技术的企业比例从最初的 7%提升到 62%。瑞典污染物税具体税率如表 13-6 所示。

表 13-6　　2014 年瑞典污染物税率

税目	碳税	硫税	二氧化氮税	氮氧化物税
税率	1.24 克朗/千克	54.7 克朗/千克	50 克朗/千克	40 克朗/千克

资料来源：刘莹：《瑞典氮氧化物排放税征收的经验及启示》，《中国财政》2014 年第 22 期。

(2)道路税及航空税

1992 年瑞典曾实行车辆税，1998 年瑞典加入欧盟后开始征收一定数额的道路税，2001 年在车辆销售环节加征的税种被废除。为了实现在 2030 年脱离化石燃料的目标，政府针对二氧化碳低排放或零排放的车辆免征道路税。此外，从 2018 年起，瑞典开始征收航空税，税额为每张机票 80～430 克朗不等，此税种同英国的航空旅客税类似，最终承担者是出行旅客，以减少飞机带来的大气污染。

(3)垃圾税

瑞典的垃圾税简单地分为两类：居民自行填埋的税率为 85.54 欧元/吨；若将垃圾运送到专业垃圾处理机构填埋，税率为 14.11 欧元/吨。这一税种倡导居民将垃圾运送至专业机构处，有利于垃圾的正确处理和有效利用。

3. 其他税

除上述税种外，瑞典完整的环保税体系中还包括许多其他税种。

(1)水资源税

瑞典的水资源税分为使用自来水税和抽取地下水税，前者税率为 0.1470欧元/立方米，后者税率为 0.1826 欧元/立方米。

(2)化学品税

2016 年，瑞典计划对某些可能对环境造成污染的电子产品以及氯乙烯聚合物装饰建筑材料征收特殊化学品税，最高税率为 320 克朗/件，以减少其生产和消费，减少其被不当处理后对环境的危害。①

(三)美　国

20 世纪 80 年代初，美国在全国范围内提出了向硫化物征税的提案，此后又陆续提出向一氧化氮、一氧化硫等污染物征税，逐步建立了国家范围内的环保税体系。美国环保税具有多样化、征管严格的特点。美国环保税税种包括资源开采税、货物税、汽车相关税、环境收入税及一些其他零星税种。

① 参见刘莹：《瑞典氮氧化物排放税征收的经验及启示》，《中国财政》2014 年第 22 期。

1.资源开采税

美国的资源开采税是州税，主要以州为单位，各州可根据自身经济发展状况自行制定相关税制，这一税种的税率差异较大，目前约有38个州开征此税。这一税种旨在减缓不可再生资源的消耗，减少资源浪费和过度开发。

例如针对煤资源，路易斯安那州和俄亥俄州采用从量计税，税率分别为0.01～0.20美元/吨和0.01～0.09美元/吨，而西弗吉尼亚州和阿肯色州则采用从价计税，分别为开采时点市场价的5%以及总收入的1.22%～5%。针对盐及盐水资源的开采，阿肯色州对盐水征收2.45美元/千桶的税额，路易斯安那州对盐征收0.06美元/2000英镑的从价税，对盐水以其中盐含量每吨征收0.01～0.20美元的从量税。①

2.货物税

货物税作为消费税的一种特别形式，是美国的联邦税之一。美国的货物税中针对石油、特殊化学品等征税，体现征税对象可能对环境造成的污染成本，意在减少此类产品的使用及进口。

(1)石油

石油税面向单位和个人征收，征税对象为在美国本土生产的原油或消费的本土及进口原油，税率为有害物质超级基金融资率与漏油责任信托基金融资率之和。

(2)特殊化学品

特殊化学品税的纳税对象为销售征税目录中化学品的单位及个人，针对化学品的品类不同税率为4.87～22美元/吨不等。此外，氟氯烃也需要缴纳货物税，由销售或进口该类化学品的生产商及进口商承担。以空调使用的氟利昂税率为基础税率，1995年初开征为5.35美元/磅，此后每年递增45美分/磅，其他此类化学品的税率是在基础税率的基础上再乘以各自所属的官方界定的破坏潜能。该税的征收促进了氟氯烃的替代品的研发及采用，能够有效减缓因此产生的臭氧层空洞，保护大气环境。②

3.汽车相关税

美国对汽车的购买环节、持有环节、使用环节都有征税。在购买环节，主要是针对汽车的销售税，平均税率为售价的4%；总重33吨以上的卡车、

① 参见陈新平：《低碳财税政策》，立信会计出版社2012年版，第185页。

② 参见董正：《OECD国家环境税体系的发展及其对我国的启示》，《国际税收》2014年第4期。

总重 26 吨以上的拖车的消费税为 12%。在持有环节,美国按汽车重量收取税额,25 吨以下为 100 美元/年,25～34 吨为 453 美元/年,34 吨以上 550 美元/年。[①] 使用环节的汽油税税率如表 13-7 所示。

表 13-7　　2015 年美国汽油税税率

税收类型	税率
联邦	18.4 美分/加仑
州和地方	28.6 美分/加仑
合计	47 美分/加仑

资料来源:美国环保局网站(http://www.epa.gov/laws-regulations)。

4.其他税

(1)环境收入税

与其他税有所区别,环境收入税是一种附加税种。美国 1986 年的《超级基金修正案》规定企业经营中超过 200 万美元的应纳税所得额部分需缴纳 0.12%的环境收入税。但为了减轻企业税负,1995 年美国废除了这一税种。

(2)二氧化硫税

美国于 1972 年开征二氧化硫税,旨在减少含硫燃料对大气的污染。《二氧化硫税法案》根据二氧化硫排放量划分企业征税标准:二级标准为排放量合宜的企业,免税;超过一级标准但不到二级标准的企业,征收排放量 10 美元/磅的二氧化硫税;一级标准以下的地区即重度排放企业,征收排放量 15 美元/磅的二氧化硫税。这样的划分规则鼓励企业为减少自身排放、降低税收从而研发相关节能减排技术。

(3)垃圾控制税及垃圾税

美国华盛顿实行的垃圾控制税是针对生产、批发、零售产生的废弃或残次品征收一定额度服务税,税率为产品价值或收入的 0.15‰,税额的 7 成用于处理垃圾,剩余 3 成用于资源再利用。垃圾税以美国 34 个州的地方社区中的家庭为课税单位,税率为 1～1.5 美元/30 加仑垃圾。[②]

---

① 参见董正:《OECD 国家环境税体系的发展及其对我国的启示》,《国际税收》2014 年第 4 期。

② 参见陈新平:《低碳财税政策》,立信会计出版社 2012 年版,第 187 页。

5.税收优惠[①]

(1)超级基金

“超级基金”,又称《综合环境反应、赔偿与责任法》(CERCLA),是美国环保局管理的、专款用于危险物质泄露处理及费用负担的基金项目,这一基金的来源主要依靠货物税、罚款、投资收益及财政支持。它的设立源于拉夫运河事件——电化工公司向废弃运河中填埋大量有毒废料后将其处理平整的土地转赠教育机构,此后政府在该土地上建造房地产,导致居住的居民连生怪病。为了杜绝此类大型污染事件,美国政府设立了超级基金,明确规定污染者负责污染场地治理。当污染责任者不负责时,或其无能力治理或此污染难以界定时,由超级基金负责先行治理,美国环境保护署后追责。这一基金的优势在于,使得环境治理及时有效,事后追责方也是环境保护署,受企业遗留污染侵害时居民不会追责无门。

(2)税收抵免

①使用清洁可再生能源

税收抵免政策中规定:酒精及天然气等清洁能源以及酒精含量85%以上的燃料的费用可以从总收益中扣除;酒精和汽油的混合燃料汽油税降至13美分/升;利用可再生能源发电可减免1.5美分/千瓦时的税额;生产电动车可减免生产成本的10%,最高可达4000美元;太阳能和地热设备可减免投资额的10%。这些税收抵免政策能够有效地促进清洁可再生能源的使用。

②环保相关设备

美国为企业的污染治理提供优惠政策,规定污染治理的机器设备可以加速折旧,处理污水和废水设备的贷款可以免息等。

③储能税收抵免计划

这个计划于2018年在美国马里兰州率先实行,通过对安装储能系统的单位和个人提供高达30%的安装总成本的协助,激励储能措施的大力推广,以减轻用电高峰时的用电压力,维持电网可靠性。

④其他

为鼓励公共交通出行,雇主为雇员购入的公共交通工具,其金额可以作为经营费用扣除;而为了防治水土流失,企业用于保护水土方面的支出可以全额减免。

---

① 参见陈新平:《低碳财税政策》,立信会计出版社2012年版,第188页。

(3)公众受益计划

公众受益计划由美国部分州政府负责实行，对某一能源的全部使用者征收很少的能源税，以这些税款建立一个公共计划基金。例如针对电能，目前美国有25个州实行该计划，每个使用者缴纳0.03～3厘/千瓦时不等的税款以建立受益基金。

(4)超标排放处罚

美国针对排放超标企业的惩罚十分严苛，不仅有行政罚款，超标企业还要被强制付费安装与罚款额等价值的甚至高于罚款额的新设备以减少污染。由于这一处罚措施的存在，企业与其缴纳双倍罚款仍要安装此类设备，不如选择尽早安装设备减少污染的排放，避免遭受罚款的惩罚。因此，这一处罚措施有利于减排设备的普遍安装。

(四)日　本

日本从1990年开始，环保税由较为分散和简单逐渐建立起一套相对完备的体系，主要包括燃料税、汽车相关税、碳税、地球温暖对策税等。

(1)燃料税

日本的燃料税有汽油税、石油税、煤气税等，天然气的税率非常低，具体税目及税率如表13-8所示，从表中可以看出日本政府推行清洁能源的意图。

表13-8　　2015年日本燃料税税目税率

征税对象	税种	税率
无铅汽油	汽油税	4.86日元/升
煤气	煤气税	17.5日元/公斤
天然气	石油税	0.72日元/公斤
原油		2.04日元/公斤
进口石油		0.67日元/升
飞机燃料	飞机燃料税	26日元/升
柴油	柴油获得税	24.3日元/升

资料来源：崔景华：《日本环境税收制度改革及其经济效应分析》，《现代日本经济》2012年第3期。

(2)汽车相关税[①]

日本的汽车相关税与美国类似,同样从购买、持有到使用过程都要缴纳税款。

购买阶段,日本政府将消费税和汽车购置税分开征收,购置一辆汽车需要同时缴纳两项税款。消费税为小型和普通轿车售价的6%,微型轿车的3%,而汽车购置税对于民众自用汽车征收售价的5%,营业用汽车为售价的3%,微型车辆同样只要缴纳售价3%的税额。

持有阶段,根据汽车的排量及重量分为三种税:汽车税、轻型机动车税、汽车重量税。汽车税针对排量为660以上的车辆征收;轻型机动车税则是对排量为660以下的车辆征收;汽车重量税以吨计算汽车重量,税率根据重量、车检有效期及用途上下浮动。排量与车重类似,都会影响汽车的油耗从而影响污染环境的程度,因此按这两类标准划分汽车税较为合理。

使用阶段,除了上文提及的燃料税,还要缴纳3%的燃油消费税以及每升汽油5.2日元的地方道路税等。

(3)碳税

2007年,日本开始向各使用化石燃料的单位征收2004年就开始拟稿征询的碳税,税率为2400日元/吨碳。碳税取代了一部分能源税,具体税率如表13-9所示。

表13-9　　2015年日本碳税税率

征税对象	税率	征税对象	税率
煤炭	1.58日元/升	城市煤气	1.38日元/立方米
煤油	0.82日元/升	电力	0.25日元/千瓦时
重油	1.80日元/升	汽油	1.52日元/升
天然气	1.76日元/公斤	柴油	1.72日元/升
液化石油气	1.96日元/公斤	喷气燃料	1.61日元/吨

资料来源:日本环境省网站(http://www.env.go.jp)。

由上述税率我们可以发现,日本的碳税税率偏低,再加以日元本身币值较低,日本政府实行的碳税不会增加企业负担,同时也能起到一定的减排效应。

① 参见张宏翔:《环境税的理论和实际——基于西方先进国家的成功经验分享》,科学出版社2015年版,第133页。

(4)地球温暖对策税

2011 年 10 月,日本又一次实行了碳税改革,在原有征税基础上再附加征收"地球温暖化对策税"。划定了未来几年的三个实施阶段,以逐步推进这一计划,同时对不同种类的课税对象实行差别化税率。具体这一税种的税率增加情况及计划如表 13-10 所示。

表 13-10 日本地球温暖化对策税阶段提高计划

时段	原油/石油产品	瓦斯状碳水化合物	煤炭
原有税率	2040 日元/升	1080 日元/升	700 日元/吨
一阶段:2011/10	+250 日元/升	+260 日元/升	+220 日元/升
二阶段:2013/4	+250 日元/升	+260 日元/升	+220 日元/升
三阶段:2015/4	+260 日元/升	+260 日元/升	+230 日元/升

资料来源:崔景华:《日本环境税收制度改革及其经济效应分析》,《现代日本经济》2012 年第3 期。

日本政府将地球温暖化对策税的改革战线拉长至 4 年,因此日本企业的负担不会徒然增重,也给了企业充足的时间以调整经营战略,同时对排污过量设备进行更新换代。

(5)其他税种

2017 年,日本政府将制定"森林环境税"的行动方针写入 2018 年的税制修订大纲中,这一税种筹集的税款用于市町村森林维护。日本政府还表示将在 2024 年正式将这一税种引入法律体系。通过主要面向个人收缴一定数额的税款,用于国家整修占 2/3 国土面积的全部森林。

(6)税收优惠政策

日本的税收优惠政策主要有设备税收优惠、废弃物回收利用和环保积分优惠制度等几个方面。

①设备税收优惠

日本政府对于环境保护相关设备的税收优惠如表 13-11 所示。

表 13-11 日本设备税收优惠政策

设备	税收优惠政策
噪音、污水、烟灰处理设备,氮化物控制设备,脱臭设备	原有基础上适当加速折旧,小幅削减所得税、公司税、固定资产税
提高能源利用效率设备	除一般折旧外,还能按取得成本的 30%计提额外折旧

续表

设备	税收优惠政策
减少石棉排放物、粉尘处理设备	免除固定资产税
购入节能减排设备	成交价优惠 30%（不超过年度法人税的 20%）

资料来源：崔景华：《日本环境税收制度改革及其经济效应分析》，《现代日本经济》2012 年第 3 期。

由表 13-11 可以看到，日本的设备税收优惠政策主要包括允许加速折旧、免除部分固定资产税、免除部分价格等方面，鼓励企业对治理污染设备的投资。

②废弃物回收利用

日本的废弃物回收利用税收优惠主要从废弃物的处理及回收两方面制定。对于废弃物处理设备，缩短折旧年度，折旧率由 8%上调至 14%；在不动产购置税上，购买此类设备可将其使用年限延长 3 年。对于废弃物回收再生设备，在加速折旧的同时，还在固定资产税上给予优惠，减轻企业负担。日本政府给予废弃物的处理及再利用税收优惠是为了促进企业担负起废弃物处理的社会责任，有利于企业将废弃物再利用。

③环保积分制度

环保积分制度规定，日本国民在购买符合环保节能制度且标有“环保积分制度产品”的家电时，通过将发票和保修单寄给节能积分事务局以获得相应的“环保积分”，一般为产品价格的 5%～10%，1 积分相当于 1 日元，这些积分在下次消费与环保有关的商品及服务时可以抵扣一定价格。此制度于 2009 年实施，2011 年这一制度的范围扩大到了垃圾处理、公害防治及自然保护，受益人也扩大到了企业。

(五)荷 兰

荷兰的环保税征收相对较早，1969 年就开始对地表水征税，1995 年开始对垃圾和地下水征税，同年还成立了荷兰绿色委员会，以辅助政府实行环保政策。目前，荷兰已经形成了一套相对完整和完善的环境税收体系，其中包括燃料税、垃圾税、水资源税等。

(1)燃料税

燃料税是荷兰目前最主要的环保税种，也是环保资金最大的来源。其开征于 1988 年，主要面向能源的生产者及进口商征收，具体税率如表 13-12 所示。

表 13-12　　2015 年荷兰燃料税税率

税种	税率
煤炭燃料税	12.76 欧元/1000 公斤
煤气税	51 欧元/吉焦
石油税、天然气税(除煤气)	12.9 欧元/吉焦

资料来源:荷兰统计局网站(https://www.cbs.nl/en-gb)。

荷兰政府每年都会根据上年的经济情况及当年的经济计划调整燃料税的税率,以让其更符合环境和经济发展的双重需要,在两者之间找到平衡。

(2)垃圾税

荷兰的垃圾相关税分为垃圾税、垃圾收集税、垃圾填埋税等税种。垃圾税以家庭为征收单位,目的是为政府处理垃圾筹措资金,一个家庭若人口较少,则可适当减少税额。垃圾收集税是为弥补垃圾税的不足而征收的税种,具体实行由各市政局自行选择。它以家庭产生的垃圾数量为主,通过规定规格的小型垃圾箱计税。垃圾填埋税则是针对填埋处理垃圾的行为征税,税率为 86.91 欧元/千公斤垃圾,若对垃圾进行焚化处理则免征此税。对于不可燃垃圾,税率降低至 14.34 欧元/千公斤垃圾。①

(3)水资源税

水资源税是荷兰在全世界范围内第一个开征的税种,主要包括水污染税及地下水税。水污染税的纳税人为向环境排放污染有毒物质的企业、工厂和个人,其税率根据排放物的含氧量及重金属含量确定,高低取决于净化水资源的难度、成本及水资源保护区的不同,1 污染单位等于 100 克镉、水银、砒霜,也等于 1 公斤的铬、锌、铜、镍、铅。地下水税向开采地下水的企业和个人征收,计税依据是每次抽取的地下水体积,饮用水企业的税率为0.34 荷兰盾/立方米,而个人和其他企业为 0.17 荷兰盾/立方米,取水量每次不得超过 300 立方米。1999 年荷兰还开征了饮用水附加税,向个人征收,税率为销售价格的 17.5%。②

(4)其他税种

①能源调节税

因政府监管大型企业较为直接和便捷,并且大型企业基本都与政府签

① 参见张宏翔:《环境税的理论和实际——基于西方先进国家的成功经验分享》,科学出版社 2015 年版,第 136 页。

② 参见张宏翔:《环境税的理论和实际——基于西方先进国家的成功经验分享》,科学出版社 2015 年版,第 137 页。

有减排协议，因此荷兰的能源调节税主要面向小规模组织的天然气和电力消耗，如家庭和小型商户，若使用矿物油代替天然气也应缴纳此税。其税率根据政策每年有所浮动，用于运输、温室园艺、发电、不作燃料用途的天然气免征能源调节税。这是荷兰为覆盖中小企业开征的税种，使环保税体系更为全面，覆盖面更广。

②铀税

铀税的征税对象是铀，向核能发电征税，同时也一定程度防止了可能的大面积核污染。该税于 1997 年开征，当时税率为 31.95 荷兰盾/克铀。

③噪音税

政府对航空公司运营时对周边地区产生噪音污染征收噪音税，根据噪音的产生量征收，收缴的税额由政府专项用于安装隔音设备、搬迁居民等方面。

④雾霾税

雾霾税是荷兰针对排放空气污染物的企业及工厂收缴的一种税种，空气污染物包括二氧化氮、氮氧化物、挥发性有机化合物，空气污染税的税率为 40 欧元/吨。

(5)税收优惠政策

①投资税收优惠

对荷兰的公司来说，激励其创新的税收优惠政策主要有：节能投资扣除，每年的节能设备投资额在 2100～108000000 欧元间即可按 44%的比率享受所得税扣除优惠。环保投资扣除，每年环保设备投资额超过 2100 欧元即可享受公司所得税扣除优惠，具体扣除率按设备等级分为三档：40%、30%和 15%。研究与开发优惠，公司聘请从事研究及开发新技术的技术人员时，可以从将要为其缴纳的工资预提税中扣除部分。[①]

②其他税收优惠

与其他国家类似，荷兰也制定了相关的设备税收优惠政策，企业使用减少污染的设备时，允许其对此设备加速折旧，并资助大约 60%的研究技术资金。对于地下水税，如果符合取后回渗或回排，可获一定的税收抵免，如果是救火等紧急情况，以及试验、建筑工地排水、净化、灌溉等用途，可以免征地下水税。对于燃料税，用于发电的煤炭、煤气、天然气可免征燃料税。

---

① 参见张宏翔：《环境税的理论和实际——基于西方先进国家的成功经验分享》，科学出版社 2015 年版，第 137 页。

(六)丹　麦

丹麦是世界公认的注重环保的国家,建立了完备的环保税收体系。能源税为其环保税收体系中的主体税种。目前,丹麦已经完成欧盟本计划在2020年达成的可再生能源的发展目标,即能源结构中可再生能源占20%,目前丹麦计划到2035年将此比例提高到35%。同时,丹麦还计划在2050年达成彻底停用化石燃料的“碳中和”目标。丹麦主要环保税种有能源税、排污税、污染产品税等,此外还有自来水税等小税种。[①]

(1)能源税

丹麦的能源税覆盖石油、煤、电、燃油以及天然气、液化气等清洁能源。1973年,中东战争爆发,国际石油输出国组织为打击对手,直接宣布石油禁止出口,这一举措导致石油价格从3美元/桶飙升至13美元/桶。同年,丹麦出台了第一部国家环境保护法案,中心思想即是“谁污染谁付费”这一原则。1976年,丹麦能源署建立,其成立的初衷是保证能源安全,后来渐渐开始管理国家能源的统筹规划。1977年,因为当年石油危机的惨痛打击,丹麦痛定思痛,开始采取行动,决意减少对石油等燃料的依赖性,开始对石油产品和电力征收普通能源税,但为了保证企业的市场竞争力及活力,对注册缴纳增值税的企业除汽车燃油外免征此税。1982年,丹麦开始对煤征税,此时的税率还处于一个比较低的水平。1986年,能源税率大幅上调。对于车用燃油,丹麦规定无铅汽油的税率相较于含铅汽油更低,这一举措直接导致20世纪90年代,与无铅汽油价格相差7%的含铅汽油退出市场。1993年,丹麦实行全面环境税改革,开始征收汽油、柴油和煤税,同时大幅提高家庭的能源税税率。1997年,丹麦开始对天然气征税,税率为石油产品的75%。1998年,丹麦对车用燃油征税,以燃油中苯含量作为测定值划分差别税率,从最低占比1%到最高4%～5%,以0.08丹麦克朗/升的税率涨幅进阶。2000年丹麦直接禁止了苯含量高于1%的汽油销售。这一禁令表明了丹麦环境保护的决心。1999年,丹麦再次提高了家庭能源税税率。矿物燃料税为45～48丹麦克朗每千兆焦耳,天然气税为37丹麦克朗每千兆焦耳,电力税为134丹麦克朗每千兆焦耳。2008年,丹麦成立气候变化政策委员会,为建设无化石燃料能源体系的国家能源目标出谋划策,制定实施路线图。2009年,丹麦提出了“Forarspakke 2.0”的税制改革计划,再一次提高了家庭能源税税

---

① 参见李璎:《丹麦环境税制度及其对我国的启示》,《经济论坛》2011年第10期。

率。可以看到丹麦的家庭能源税税率提升是一个渐进上升的过程，一方面较为缓和，让民众易于接受；另一方面此税率的上升也让民众认识到环保的重要性，逐渐拥有环保意识。

(2)排污税

丹麦的排污税泛指各类污染物，有碳税、硫税、垃圾税、废水税等。1987年，丹麦开征垃圾税，当时税率为40丹麦克朗/吨。1992年，丹麦政府先面向家庭开征碳税。此后一年的环境税改革中，就紧接着向企业开征了碳税。同时在此改革中，垃圾税税率大幅上升，尼龙袋税、废水税接踵而至。1995年，硫税开征，同时取消了增值税企业的免能源税政策，对所有能源企业征收碳税。企业被具体分为三类：供暖企业碳税税率为100丹麦克朗每吨二氧化碳，照明企业税率为50丹麦克朗每吨二氧化碳，而生产企业的碳税最低，为25丹麦克朗每吨二氧化碳。1996年，丹麦政府又对供暖企业的碳税进行了细分，同时将硫税升级为二氧化硫税。1999年再次对供暖企业作了税率上的调整，由于丹麦是欧盟国家，1999年初欧元面世，丹麦的碳税税率就采用欧元为单位，具体情况如表13-13所示。

表13-13　　1996年、1999年丹麦碳税、硫税部分税率

税种	税目	1996年税率	1999年税率
供暖企业碳税	未签订减排协议的轻工业排放碳	90丹麦克朗/吨二氧化碳	12.1欧元/吨二氧化碳
	签订及安排协议的轻工业排放碳	68丹麦克朗/吨二氧化碳	8.23欧元/吨二氧化碳
	未签订减排协议的重工业	25丹麦克朗/吨二氧化碳	3.36欧元/吨二氧化碳
	签订及安排协议的重工业	3丹麦克朗/吨二氧化碳	0.58欧元/吨二氧化碳
二氧化硫税	应税燃料	20丹麦克朗/公斤	
	二氧化硫实际排放量	10丹麦克朗/公斤	

资料来源：董正：《OECD国家环境税体系的发展及其对我国的启示》，《国际税收》2014年第4期。

(3)污染产品税

丹麦的污染产品税有一次性餐具税、特定包装税、有害化学物税、杀虫剂税、生长促进剂税等。早在1982年，丹麦政府就已开始对一次性餐具征税。1986年，农药税建立，其范围包括了所有的农业生产资料，除难以测定有害物含量的农药外，均以有害物含量计税，最高的税率为从价35%。1996年，与硫税共同开征的还有氯化溶剂税（2丹麦克朗每公斤）、杀虫剂税（从价53.85%征税）、除草剂（从价33.33%征税）、木材防腐剂（从价3%征税）、镍镉电池税（6丹麦克朗每节）等一系列税种，此后1999年还开征了生长促进剂税。1999年，特定零售商品包装税开始不止局限于对瓶罐收税，征税范围扩大到更多容器，按容积或重量两选一的方式计税。

(4)其他税种

除了上述的税种之外，丹麦还有许多环保相关的税种，例如自来水税，初设立于1993年，当时税率为1丹麦克朗/立方米，1998年提升至5丹麦克朗/立方米，到2005年，自来水税的税率已经达到了平均水价的15%～20%。丹麦的汽车购置使用税异常高，消费者在增值税和牌照注册两方面所缴纳的税金就约等于汽车标价的2倍，而对于电动汽车，丹麦免除这一税款。这一政策有效地引导消费者购买电动汽车，推进了电动汽车的发展和普及。还有2009年"Forarspakke 2.0"计划中开征的道路照明税、空调税、温室气体税等税种，都是丹麦完善的环保税体系中不可或缺的部分。

(5)税收优惠政策

①减排协议及免税

与别国的减排协议类似，供暖企业与政府签订减排协议可降低一定碳税税率。而对于所有的可再生能源企业，丹麦政府都免除了它们的环境税。

②再生及出口退税

对于可循环利用的垃圾免税，而对于用于出口的氯化溶剂、镍铬电池会退还氯化溶剂税、镍铬电池税。

③抵免增值税

在1995年停止对缴纳增值税的企业免征环保税后，丹麦对于按规定征缴环保税的企业可抵免部分增值税。

④环保基金

丹麦政府为鼓励绿色投资特意设立环保基金，并成立一系列"绿色实验室"，类似于风力发电等改进或研发项目都可以得到政府的补贴。这一环保基金即是丹麦税收返还的一部分，意在鼓励全社会投入绿色项目的开发中，有利于形成全民环境保护意识，为环境新技术的研发营造良好的环境。

(七)德 国

1971年,德国就开始了对其环境政策的探索,此后逐渐提高环保税的税收强度,时至今日,德国的环保税体系也已相对成熟完善。德国环保税主要税种有能源税、污染相关税、垃圾税等。①

(1)能源税

德国政府从1999年开始,对电、天然气等清洁能源及摩托车燃料、轻质燃料等传统燃料征收能源税,与此同时还启动了时间跨度为5年的能源税阶段计划,计划在5年内逐步开征各燃料税及提升税率,另外增加税收转移支付、居民养老金以实现税收中性。当年4月,采暖用油税率就上升了2欧分/升。德国这一"五年计划"与日本分阶段征税有异曲同工之妙,既为其未来发展做足规划,又采用渐进的方式改革,可以及时获得反馈进行修正,又给了社会足够的适应时间。2000年,其开始对重燃料油征收能源税。2001年,针对含硫量高于标准50毫克/升的汽油税率提升1.53欧分/升,2003年这一含硫量标准下降至10毫克/升。1999～2003年共5年的时间内,汽柴税以3欧分/升的标准共加征5次,天然气税在1999年、2003年各加征1.25欧分/升,电税在1999年加征了1欧分/度,从2000～2003年每年加征0.25欧元/度。2011年以后,德国完善了差别税率标准,部分燃油税标准如表13-14所示。

表13-14 2011年后德国能源税税率

税目	具体分类		税率
柴油	含硫量小于10毫升/升		0.4704欧元/升
	含硫量大于10毫升/升		0.4857欧元/升
轻燃料油	商用	含硫量小于50毫升/升	0.0450欧元/升
		含硫量大于50毫升/升	0.0600欧元/升
	非商用	含硫量小于50毫升/升	0.0764欧元/升
		含硫量大于50毫升/升	0.0614欧元/升
重燃料油	采暖用		0.0250欧元/公斤
	非采暖用		0.1300欧元/公斤

① 参见杨杨、杜剑:《碳税的国际经验与借鉴》,《涉外税务》2010年第1期。

续表

税目	具体分类	税率
液化石油气	推进剂	0.1803 欧元/公斤
	商用加热	0.3636 欧元/公斤
	非商用加热	0.6060 欧元/公斤
天然气	推进剂	13.9 欧元/兆瓦时
	非商用采暖	5.5 欧元/兆瓦时
无铅汽油	含硫量小于 10 毫升/升	0.6545 欧元/升
	含硫量大于 10 毫升/升	0.6698 欧元/升
含铅汽油		0.7210 欧元/升
煤油	推进剂	0.6545 欧元/升
煤炭、焦煤、褐煤	非商用	0.3300 欧元/千兆焦耳

资料来源：OECD 官网(http://www.oecd.org)。

(2)污染相关税

德国环保税体系中污染相关税包括航空税、废水税、机动车辆税等。

①航空税

德国的航空税于 2011 年开征，主要以飞行距离为差别税率的标准，包括在每张机票价格内，具体税率如表 13-15 所示。

表 13-15　2015 年德国航空税税率

税目	具体分类	税率
航空税	长途航班(飞行距离大于 6000 公里)	45 欧元/张
	中途航班(飞行距离在 2500～6000 公里)	25 欧元/张
	短途航班(飞行距离小于 2500 公里)	8 欧元/张

资料来源：OECD 官网(http://www.oecd.org)。

②废水税

德国于 1994 年颁布《废水纳税法》。1998 年，德国进一步完善了废水税纳税制度。德国的废水税征收范围较为广泛，社会生产活动产生的污水、自然形成的污水以及物体、建筑的脏雨水都涵盖在内。纳税人则是排放污水的单位或个人以及处理污水设备的厂家。主要的计税依据是污水的单位毒性，强调了用技术手段监测废水的危害程度，并按此纳税。例如污染物质为COD的，一个污染单位为50公斤，氮的污染单位为25公斤，磷的污染单位为3公斤，而金属及其化合物中，镉的污染单位为100克，镍和铅则为500克。在政府应用技术手段监测的情况下，企业的排污再也不是笼统的“一刀切”，也对企业处理各类污物提出了更高的要求，催使企业采用更有效的污物处理技术。

在具体情况中，对于河流排放的污水，按处理后的单位毒性计算税额；对于下水道排放污水，按其沿途居民数量的20%计算；对于家庭排放污水的，按未连接下水道居民数量的50%计算。

废水税的税率从初开征的6.1欧元/单位毒性到2013年35欧元/单位毒性，各州级政府可据现实情况调整税率，以便适应当地具体的发展需求。

③机动车辆税

德国机动车辆税对机动车排放的尾气和产生的噪音征税。1997年，德国发布条款规定，对气缸容量小于100立方厘米的车型征收统一的机动车辆税，超过这一界限的车型按实际排放的污染物情况确定税额。对于载重车、公共汽车，按3.5吨的车辆总重作为界限，分别按总重、排放污染物情况或产生的噪音情况设置差别税率。

④垃圾税

德国关于生活垃圾的规定条目繁复，垃圾分类细致入微，垃圾税是以单位家庭征税，对于家庭产生的不可回收垃圾，按“不可回收垃圾桶”的规格收取每年400欧元或800欧元的费用，家庭包装垃圾和建筑垃圾的收费标准为250欧元/吨。在工业方面，废油的处理费用是500欧元/吨。高昂的垃圾税费造就了德国高效的垃圾处理效率和有序的垃圾处理流程。

(3)税收优惠政策

德国的税收优惠政策以税收返还为主，例如将部分环境税收入用于可再生能源计划，在垃圾处理方面，对于大型的废弃塑料瓶罐垃圾处理公司，给予250欧元/吨的财政补贴。对于排污处理设施的初建、改建、扩张等可以在企业开业运行的前3年以其投资支出与应缴的排污费相抵。

(八)法　国[①]

法国在环境保护方面非常注重“谁污染，谁付费”的原则，早在1971年

① 本部分内容中的相关数据来源于OECD官网(http://www.oecd.org)。

就在国内设立单独的环境保护部门以保护国内的自然生态环境,可以看出法国对环境保护问题的重视,近年来法国也在积极完善自身的环保税收体系。法国的环保税种主要有能源税、污染相关税、水税、垃圾税等。

(1)能源税

能源税是法国环保税体系中的第一大税种,主要分为矿物油税及车辆税。

①矿物油税

法国的矿物油税类似于他国的燃油税,都是向可以作为燃料的矿物油征税,主要针对柴油及无铅汽油征税,法国各地区可自行调整适用税率,但不得低于最低税率,税率灵活,有利于各地根据自身情况制定最适宜本地区的税率。具体税率情况如表 13-16 所示。

表 13-16　2015 年法国矿物油税率

税目	税率
柴油运输用	0.4284 欧元/升(参考税率)
	0.0115 欧元/升(最低税率)
轻燃料油	0.0566 欧元/升
重燃料油	0.0219 欧元/公斤
无铅汽油	0.6069 欧元/升(参考税率)
	0.0177 欧元/公斤(最低税率)

资料来源:OECD 官网(http://www.oecd.org)。

②车辆税

法国的车辆税针对不作经营用途的普通机动车征税,其特点是并不以气缸容量或排量决定车辆的应征税额,而是以首次登记年份和车辆能源所耗燃油划分车辆税的差别税率。这是因为:首先,使用的燃料关系到车辆排放的二氧化碳含量;其次,柴油车辆的登记时间与生产时间相关,时间越晚,技术发展得越完善,车辆的减排设备越先进,对环境更为友好。具体税率情况如表 13-17 所示。

表 13-17　　　法国车辆税税率

分类＼时间	1997 年以前	1997～2000 年	2001～2005 年	2006～2010 年	2011～2018 年
柴油车	600 欧元/年	400 欧元/年	300 欧元/年	100 欧元/年	40 欧元/年
汽油车	70 欧元/年	45 欧元/年			20 欧元/年

资料来源：OECD 官网（http://www.oecd.org）。

(2)污染相关税

法国对污染征税的税种主要有污染行为税、民航税等，污染行为税是消费税的组成部分，充分体现了污染者负责的理念，其中包括了硫税和氮税，它们是以这两种化学物质为核心建立起的一系列相关化合物的税收体系。而民航税则和他国航空税相似，因飞机排放造成大气污染而让乘坐飞机的乘客纳税。

污染行为税主要对企业征税，囊括了所有可能对环境存在现时或潜在风险的行为活动，比如排放大气污染物，甚至散发印刷品或使用塑料袋，具体税率根据污染行为确定，纳税人需要自行申报税额并缴纳税款。硫税指二氧化硫税，但是征收的范围除了二氧化硫，还有硫化氢、盐酸等化合物，1985 年初开征时税率为 27.45 欧元/吨，至 2014 年涨幅为 9.15 欧元/吨，上涨幅度非常小。氮税不止包括了对二氧化氮征税，还囊括了所有的氮氧化物。它于 1990 年初开征，在 1999 年的税率为 30.5 欧元/吨，至 2014 年涨幅为 105.5 欧元/吨，上涨的幅度偏高。

民航税在法国的税率确定标准其一是载客或货运量，民航税不止针对乘客征税，还包括运输；其二是出发地，从法国当地出发的乘客，每人收取 7.85 欧元。从欧盟及瑞士出发的法国航班，每人收取 4.36 欧元。而用于货运或邮寄的航班，每吨收取 1.3 欧元民航税。

(3)水相关税

法国与水相关的税种主要有水资源税和水污染税。水资源税既面向个人，也面向单位，税率根据水资源所处的地区及地表或地下而有所差别，各地区也可在参考标准的基础上自行确定适用税率。

水污染税同水资源税一样，个人和单位都要缴纳，税率根据排放来源和排污量确定。以政府对各单位及个人的排污口及排污管道监测确定排污量。而排放来源则是指等量于 200 人以上的城镇单位及 400 人以上的城镇居民才需要缴纳此税，未达到此标准的以附加费形式收取。

(4)垃圾税

法国的垃圾税同样是针对单位和个人所产生的工业或生活垃圾征税。对于单位而言，和其他国家理念略有不同的是，在法国焚烧垃圾需要缴纳4.575欧元/吨的税款，而填埋垃圾则不需要。对于个人，法国采取的垃圾回收分类法有些类似荷兰的方法，按固定的垃圾容器来计算家庭每月产生的垃圾数量，再按此缴税。

(5)税收优惠政策

法国的税收优惠有税收补贴、税收抵免、加速折旧等情况，此外也存在惩罚性的措施。

车辆税中的税收补贴是针对汽车减少排放二氧化碳量作出的补贴，最高补贴额为5000欧元/辆，要求二氧化碳排放少于60克/公里。随着二氧化碳排放量的上升，补贴额随之下降，最高二氧化碳限额为115～120克，此时的补贴额为100欧元/辆，若高于这个额度，则没有补贴。车辆税补贴会使消费者更倾向于购买二氧化碳排放低的汽车，而二氧化碳排放高于120克的汽车由于没有补贴，一般情况下购买者会减少。税收抵免存在于垃圾税中，对于收集垃圾的行为，收集垃圾的数量可直接抵免应缴垃圾税的垃圾数量，比如通过收集1吨垃圾，可以直接在缴纳垃圾税时扣除1吨垃圾再计算税额。对于环境保护基础设施，法国免征设备税。设备税是对新建楼房和扩张设施收取的税种，税率为投资额的1.5％。

法国对于2007年前购入的环保及生产可再生能源的设备允许加速折旧，购置当年即可按100％的比例计提折旧，加速折旧的力度是世界范围内较大的，也是法国政府力求环保及可再生设备普及的证明。

另外，对于污染程度过高、对环境危害过大的企业有一定程度的惩罚性加征，税率根据污染和危害的程度确定。此类惩罚性加征也是抑制企业过量排放的手段之一，促使此类企业在减排和缴纳罚款中作出选择。

(九)中国港台地区

1.香港地区

我国香港特别行政区尚未开征环保税相关税种，但已实行有部分税目雏形的环保费制度。

（1）以费用形式征收款项[①]

①排污征费

香港的排污征费针对的是排放污水这一行为，主要征收对象为所有单位及家庭，目的为筹集处理污水需要的费用。税率按用水量计算，每季度的前12立方米用水的排污费由政府出资处理，可以豁免排污征费。除此以外，还有27个行业有特定的附加征费。由于这些行业排污较为特殊，因此要征收额外的费用用于处理高浓度污水。

②胶袋征费

2007年香港的环境保护署公布这一征费的方案，指明在消费使用购物塑料袋时，需要缴纳0.5港元/个的胶袋费。这一举措意在减少塑料袋的使用，减少白色污染，然而在实行一段时间后，胶袋费不仅没有起到应有的作用，反而引发了无纺布袋的滥用，更加增加了垃圾的处理压力。2015年，香港又开始推行了第二阶段的胶袋征费，仍由商家向顾客收取不少于0.5港元/个的费用，有关食品卫生等服务的塑料袋可以免税。

③建筑废物处置费

这一费用意在解决建筑废物给香港堆填区带来的垃圾压力，对制造建筑废物的污染者收取125港币/吨的费用，而对建筑废物的筛选分类费为100港币/吨，单独将筛选分类费列出意在鼓励垃圾的分类，简化垃圾处理的过程。2017年，香港大幅上调了这一处置费的费率，未分类建筑废物上升至200港元/吨，筛选分类费上升至175港元/吨。

④电器回收费

2011年，特区政府曾向公众征询关于电视机、洗衣机、空调、计算机、冰箱此"四电一脑"产品回收处置的征费细则，具体费率根据电器体积从100港元到250港元不等。2018年，香港环境保护署公布实行电器回收费，具体费率为电视机及冰箱165元/件，洗衣机及空调125元/件，电脑、打印机及扫描器收费为15元/件。部分销售商会提供附加免费的处理服务，根据凭证要求，民众可将旧电器送至销售商处免费妥善安置。

⑤垃圾处理费

同世界上许多地区一样，垃圾的处理问题也是最令香港特区政府烦恼的问题之一。特区政府已经开始向公众征询垃圾处理费的征收问题，专家

① 参见李香菊等：《环境税制与绿色发展：基于技术进步视角的考察》，《当代经济科学》2017年第39期。

们对于垃圾收费模式、程序、计费依据等方面已有了部分研究。2017年，特区政府公布将最早于2019年下半年在全区范围内征收，具体方案为家庭必须“按户按袋”弃置垃圾，并且需支付1.7港元/个指定垃圾袋的费用。

(2)税收优惠政策[①]

对于企业，香港政府实施税收优惠以鼓励环保设施的使用。如自2008年起企业购置指明的环保设备，其资本开支可以加快扣除。若是属于机械业的环保设备，更可享受资本开支100%扣除的优惠。而在建筑业，其环保设备的资本开支可以在5年间平均扣除。

对于个人，2018年香港出台了鼓励购买电动车的税收激励措施。消费者用指定的高耗油汽车置换电动能源汽车，将获得首次登记税高达250000港元/台的免税额。或者消费者选择直接购买新电动能源车，也可享受97500港元/台的免税额。

2. 台湾地区

相较于香港，我国台湾地区的环保税早在2011年就已开征，并且条目分类较为翔实细致。大体上其环保税体系可分为产品税、垃圾税、燃料税、污染税以及其他一些零星税种。

(1)产品税

台湾的产品税指对各类生产或进口的有形产品，在生产或进口阶段向其征收新原料产品税。因为其在观念上认为生产出的产品都是可以被循环利用的，第一次使用原材料生产产品就要缴纳部分税款。同样，为生产购入的原材料也需要缴纳原料税，这两种税收的目的都在于鼓励物资的循环利用。

(2)垃圾税

在垃圾处理方面，管理部门在事前设立了预征处理税，是在产品销售时预收的一部分费用。在收集阶段，废弃物清理费中规定垃圾应以专用垃圾袋计量数量，按袋征费，而在事后，则要征收垃圾处理税，为处理垃圾筹集费用。对于垃圾掩埋和弃置这两种行为，管理部门也为它们设立了相关税种，其目的都是为了鼓励垃圾收集和集中无害化处理，甚至循环利用，同时也是意图限制废弃物的产出。

针对一些较为特殊的垃圾，例如塑料或玻璃的相关制品，则使用了“押

① 参见杨力等:《后BEPS时代香港税收政策发展动态及对中资企业的影响》,《国际税收》2018年第3期。

金一退费制度”:在这两类制品的售价中预先加入这一笔押金,当这两类制品被弃置,并进入垃圾处理厂处理完毕后,再由处理厂退回押金。这一举措能很好地防止塑料的随意丢弃。

管理部门出台的废弃物清理费规定中还有污水排放的相关规定。污水排放,针对自来水区连接管道使用供水的使用者,适用按用水单位量计算应缴费用的计算方法;而对于其余未连接管道的使用者,则适用按户定额征费的计算方法。

(3)燃料税

由于汽车会带来空气污染,如同世界上许多地区一样,我国台湾地区对汽车开征了汽车燃料使用税,按汽车排量实行差别税率。而在燃料的生产及进口环节,汽油、煤油、柴油、燃料油、溶剂油都要征收税款,而用于飞机的航空燃油也要征收税款,形式上是作为消费税的一种。无铅汽油和柴油为从量征收 0.4 元/公斤,高级汽油则是翻倍征收 0.8 元/公斤。

(4)污染税

污染税其实也包括上文的垃圾税、燃料税,其余税种有上游税和土壤及地下水污染税。上游税对处在河流上游的单位和个人征收,因其在上游的生产及生活会影响到河流的污染,与此同时还设立了下游补贴,即通过税收对下游受上游污染影响的补贴。土壤及地下水污染税主要针对公告列明的部分会影响土壤和地下水环境的化学物质,按此化学品的生产量及输入量从量征收税款。

(5)税收优惠措施

台湾的税收优惠措施主要有加速折旧、投资抵免、减征增值税等。

①加速折旧

在台湾主要有以下两类设备允许企业实行加速折旧:一是专用于研究发展及检验的设施设备,二是节能减排或使用新能源的设施设备。

②投资抵免

台湾对于专款专项投资于研发新的节能环保技术、资源回收再利用、防治污染、减少温室气体排放、提高能源运用效率的项目,根据具体情况给予企业投资额 5%～20%的税收抵免,抵免其应征所得税所得额。

③减征增值税

如果企业因为维护环境、防止污染或公共安全等原因主动提交工厂迁址申请的,减免其应征土地增值税至最低税率。

（十）其他国家

除却上述各具特色的环保税体系值得我们借鉴外，还有部分国家的环保税制度也极为有效，本书将列出一部分以供参考。

1. 加拿大

加拿大对生产废弃包装物或将有害品引至市场的企业征收税款，这一举措意在将政府处理垃圾的成本转移至可能带来垃圾的企业。加拿大也有加速折旧的政策，对于使用可提高能源利用效率的设备、技术允许以 30% 的比率折旧或减值，而一般的投资减值为每年 4%～20%。

2. 挪威

挪威在包装税方面，特别提出对于所有不能回收的饮料容器都征收 30%的从价税，此举获得了一定成效，削减了 88%的饮料容器使用量。挪威还在环境税体系中引入了对船舶和汽轮机的氮氧化物税，虽然一定程度上减少了氮氧化物的排放，但也直接减少了在挪威港口停靠的船舶数量，对挪威的贸易存在一定影响。

3. 波兰

波兰的环保税特点在于其广泛性，其污染税与自然资源税覆盖的范围非常广阔，纳入征税对象的污染物高达上百种，考虑到了社会生产及生活中会对环境带来影响的方方面面。其中主要的也是税率最高的是二氧化硫税，税率 70 美元/吨。

4. 罗马尼亚

罗马尼亚本身作为一个发展中国家，经济尚未达到高度发达程度，环保方面实行了一项有效的税收优惠措施，即企业引进国外能效技术可以免除的关税，而且也可以在所得税的收取中免除这一技术带来的盈利部分。这一举措大大减轻了企业在引进技术上的税收压力，可以激发企业引进新技术，提高资源的利用效率。

5. 芬兰

芬兰对使用清洁、可再生能源（如太阳能、风能、潮汐能等）进行补贴，甚至免税。芬兰也有类似于挪威的包装税征收范围，饮料容器包括瓶、罐、塑料盒等都要缴纳包装税，但是对于可以重复使用的容器免税。

二、国际环保税制度分析

通过以上分析，发现国际上的环保税制度主要有以下特点：

(一)税种广泛

国际上环保税的体系较为健全的国家，税种都十分广泛。其税种设置充分体现了"开源节流"的思想，从资源开采到限制排放都有不同的税种来规制企业的各项行为，如能源税、污染税、水资源税、垃圾税等，也为利用税收工具促进企业创新提供了广泛基础。

(二)差别税率

差别税率主要可分为产品差别税率、行业差别税率、幅度差别税率等。各国在环保税体系制定上都较多地使用了差别税率以达到对某方面的细致调节。

产品差别税率在各国的环保税体系中最为常见，几乎每个国家都会将能源税中征税的能源划分为汽油、柴油、电、天然气等，每种能源根据其污染程度和可再生程度有其独有的税率。英国和瑞典的可再生能源(电、天然气等)税率明显偏低，而瑞典、德国等国家对无铅汽油和含铅汽油的税率也有差异，这一点能够很好地促进企业在生产使用清洁能源，从而减少税额负担。在车辆税方面，几乎所有上述国家和地区都会按某个标准区分车辆，如排量、气缸容量、总重、登记年度等标准来确定差别税率。

行业差别税率在部分国家存在，主要体现行业对环境影响的差异以及部分与环保及新能源息息相关的行业的税收减免。前者可以参见丹麦的碳税对不同行业征收不同税率，供暖企业税率最高，因其排放二氧化碳量最多，而生产企业的低税率则是为了降低其税收负担。这样的差别税率在一定程度上敦促了税率较高的行业减少相关污染的排放。

幅度差别税率也在部分国家有所体现，例如法国矿物油征税，制定了柴油及无铅汽油的参考税率，各地区可自行调整，但不得低于最低税率。这一点体现了税收的灵活性，能更好地适应各地区的现实情况，更加符合当地的经济发展规律。

(三)环保设备折旧

给予环保设备特殊的折旧政策也是在许多国家广泛运用的一种税收优惠政策。例如美国、日本、荷兰，对于污染治理、提高能源使用效率、废弃物再生、排放污染减少的设备分别可以加速折旧；法国对于 2007 年前购置的环保及生产可再生能源设备允许当年计提 100%折旧；加拿大也允许类似设备加速折旧。加速折旧在一定程度上影响了企业的财务会计核算，提高资本利用效率，也能促使其更多地选择环保设施。

（四）关联减免税

环保税并不是一套孤立的税收体系，它与国家别的税种紧密相连，相互促进，为了更好地发挥环保税优惠政策，发达国家不仅制定了环保税的减税及免税，还将环保税和其他关联税种优惠相结合。

英国、丹麦、芬兰等国针对可再生能源和节能技术实行环保税收豁免；丹麦对可循环垃圾免垃圾税，对电动车免除汽车购置税；瑞典对于二氧化碳低排放或零排放的车辆免征道路税；德国企业运行前3年排污设备投资费可以与排污费相抵；美国也有针对酒精混合企业、天然气、电动车及太阳能设备的减税政策。

此外，罗马尼亚对于引进的新技术可以免除关税，甚至可以免除这一技术带来的盈利后再计算企业所得税；法国免征收环境保护基础设施的设备税；日本对于部分污染物处理设备小幅削减所得税、公司税、固定资产税，而对于减少石棉排放物、粉尘处理设备，直接免除固定资产税；荷兰的公司聘请从事研究及开发新技术的技术人员时，可以从为他缴纳的工资预提税中扣除一部分。

（五）税收中立及税收返还

"波特假说"的具体实施还有待进一步的考证，但很多国家依然相信环保税的征收会在一定程度上影响企业的国际竞争力。英国将税收收入投入针对节能技术提高的投资补贴方案、投资碳基金及其他资助项目；瑞典政府在污染税上将税款悉数返还给排放量低于平均值的企业；德国给予大型的废弃塑料瓶罐垃圾处理公司财政补贴；法国对于排放二氧化碳少的汽车作出补贴；荷兰对于使用减少污染设备的企业资助设备额的60%的研究技术资金。

税收返还是较为常规的达到税收中立的方式，也符合了双重红利理论中的"蓝色红利"。其对于公司发展创新技术有较为直接的作用，因为资金补贴的支持，公司将倾向于绿色发展和创新发展，从而形成良性循环。

（六）减排协议

减排协议是出于政府角度与企业签订的一种契约，企业享受某种便利，但也被规定达成某种环保目标。英国的减排协议要求企业达到二氧化碳减排的目标,给予它们气候变化税的比例减免;瑞典的"五年计划"针对用电密集型行业减税,但它们必须制定规划和方案以减少能源的使用;丹麦则是对于供暖企业要求签订减排协议,减扣的税率比例分轻重工业有所不同。

减排协议是一项带有目标性质的政策,而非纯粹地替企业减税,它能更大概率地实现政府的环境保护目标,也能使企业先享受优惠再达成目标,给予企业在更好的环境下发展技术的资本和时间。

(七)渐进式税收政策

世界上大多数国家的环保税改革并不是一锤定音的,而是有规划地渐进改革。日本的地球温暖化对策税改革战线长达 4 年;德国也曾展开时间跨度为 5 年的能源税阶段计划,在 5 年内逐步开征各燃料税及提升税率。这样的渐进式税收改革让企业不会突然无法承受税负,渐进化的过程留给了企业足够多的时间去调整发展战略和创新技术。

(八)双刃剑影响

各地区环保税实践的过程也并非都是一帆风顺的,部分税种引发了另一方面的问题,甚至收到了一定的反向效应。我国香港地区曾在征收胶袋税一段时间后引发了无纺布袋的滥用,垃圾的处理压力不减反增。挪威则是在引入对船舶和汽轮机的氮氧化物税后,直接减少了挪威港口停靠的船舶,一定程度影响了挪威的贸易经济。

(九)其他有益经验

1. 专项基金

丹麦政府为鼓励绿色投资特意设立环保基金,并成立一系列"绿色实验室",类似于风力发电等改进或研发项目都可以得到政府的补贴。这与丹麦迫切想要建设无石油社会的决心相关。在专项基金上,政府的财政支出与企业研发绿色项目直接相关,与环保税相互配合,能很好地促进企业发展创新技术。

2. 高额税收及强制措施

高额税收是政府通过税收调节市场的一种手段。在丹麦,汽车购置使用税异常高,税金约等于汽车标价的 2 倍,于是在对电动汽车免除此税的政策导向下,消费者自然会更多地选择电动汽车。法国对于污染程度过高、对环境危害过大的企业有一定程度的税款惩罚性加征。

强制措施即国家明令下达法律效力较为严格的相关措施。2000年,丹麦直接禁止了苯含量高于1%的汽油销售,而美国针对排放超标企业的惩罚不仅有行政罚款、法律制裁,超标企业还要被强制付费安装罚款额等值甚至高于罚款额的新设备以减少污染。

上述两类政策都是强迫或带有半强迫性质,可以立竿见影地禁止排放污染或禁止过量排放行为。而对于美国安装等价新设备的措施,可以在一定程度上促使选择直接更新设备以免受行政罚款,从而减少污染排放。

3.灵活税收,因地制宜

该方式的代表国家是美国,由于美国的国内情况,其各州都可根据自身经济发展状况自行制定相关税制,这样可以使税收政策在细节上更为贴合当地情况,提高税收的执行效率。

三、创新战略下国际环保税税制借鉴

目前,我国"由费改税"的环保税尚处于初始开征阶段,各税种尚处于不完善的状态。各发达国家在环保税体系发展过程中的经验能给我国创新战略下的环保税改革提供有益的借鉴。

(一)扩大税种范围,推进系统化整合

目前我国环保税的覆盖范围较为狭窄,只针对大气污染物、水污染物、固体废物及噪声征税。国际上还有许多其他税种,如水资源税、道路税、森林税等,我国也可以在更多领域设立和环保相关的税种。我国与其他国家的环保税及环保相关税种的比较如表13-18所示。

表13-18 我国与其他国家环保税及相关税种比较

国家	环保税	资源税	消费税	其他税
中国	大气污染税、水污染税、固体废物及噪声征税	原油税、天然气税、煤炭税、金属矿税、盐税	汽油税、柴油税、乘用车税、摩托车税、中轻型商务车税、游艇税、木制一次性筷子税	车辆使用税、车船购置税、耕地占用税、城镇土地使用税、城建税

续表

国家	环保税	资源税	消费税	其他税
其他国家	能源税、碳税、硫税、氮氧化物税、废水税、特殊化学品税、垃圾处理税等	电力税、天然气税、石油税、煤炭税、甲烷税、氟氯烃税、资源开采税、水资源税等	车辆购置税、汽油税、柴油税、轻燃料油、重燃料油、煤油税、一次性餐具税、杀虫剂税、氯化溶剂税、镍铬电池税等	路税、车辆使用税、饮料容器税、包装税、航空税、森林环境税、道路照明税等

从表13-18中我们可以看出，我国现行环保税制较为“整体化”，缺少对于征税对象的细致划分。例如我国目前的车辆购置税为按辆征收10%，缺乏环保方面的考量，可以参考瑞典按二氧化碳排放量或美国按车辆总重来划分各类车辆应缴税额，引导市场向环保能源汽车倾斜。并且，我国的固体废物税针对危险废物从量征收每吨1000元，缺少对于危险废物的具体定义和种类划分。此外，在税率方面还可以考虑以排放废物中危险元素的密度测量值作为标准划定税率等级。

与此同时，因为环保税是一个涉及面较广的税种，需要与我国现行的资源税（矿物、盐、燃料、天然气等）、土地税和耕地税、部分消费税相互整合。同时，环保税计税标准的特殊测量只靠单一部门是难以完成的，因此需要国家行政部门之间的相互配合，建立共享互通的环保税收信息体系，推动环保税的系统化整合。

（二）重视行业差别税率

我国现行环保税中仅设置产品差别税率，即对各类污染物设定了差额不等的差别税率，却忽视了行业差别税率。如丹麦就区分了轻重工业及具体到供暖、照明、生产企业的碳税税率。行业之间性质不同，税率也应有所差异。

我国可先在某些能耗较大或污染排放较大的行业中针对性地对其提高相关能源及污染税种的税率，某些和环境保护相关度大的行业，如垃圾处理、环境治理等，可以适当减免其税率。通过行业差别税率与税收优惠政策的互相配合，既能够促进高污染高能耗的粗放型企业改进能源利用效率，减少污染的排放，促进与环保事业相关行业的蓬勃发展，也能通过行业之间的税额补贴流动实现一定程度上的税收中性。

（三）给予环保设备特殊折旧政策

允许部分环保设备及技术加速折旧摊销，是许多国家都采取的一种税收优惠措施，我国环保税政策也可借鉴采用。

固定资产的加速折旧可以加速设备的更新换代，及时获得更新设备的资金，还可以均衡固定资产的年成本。企业出于环保设备加速折旧的优惠政策，更愿意选择能源利用效率较高、排放污染少的生产设备，同时有利于生产此类设备企业的发展，推动环保设备在全国范围的普遍生产和使用。

（四）重视税收返还，实现税收中性

在实行环保税的过程中，税款的运用也是其重要的一部分，环保税首要目的是保护环境，尽量实现税收中性。因此，除了税收的减免政策外，我们还应该重视税收返还，成立专项基金，以此达到收支平衡，实现税收中立。例如成立国家环保项目专项基金，支持环保设施和技术的研究，或按技术成果一定比例给予研发环保技术的企业一定的研发资金等。

（五）制定减排协议

为便于环保税履行，我国可以参考别国和大型企业签订减排协议，如对于部分大型企业减免一定税额，但在规定时间内企业要达成协议上订立的减排目标，实现低碳减排的生产方式。这样通过在一段时间内对环保税额的减免或免除，能够确保大型企业在确定时间内达成确定的减排目标，甚至将协议的内容扩大到使用清洁能源或采用环保技术等方面，便于更好地具体落实国家的环保目标。

采用环保协议的好处在于，首先和大企业签订减排协议，有利于在全国范围内从大型企业开始逐渐普及，并在落实过程中摸索出适合其自身情况的协议内容和措施，以最终达成节能减排的目标。其次，这也能让企业在享受税收优惠时受到强制力约束，更有效率地实现技术更新和能源更替。

（六）实现因地制宜

对于环保税的因地制宜，主要指两个方面：

其一，发达国家环保税制定都考虑到了本国的发展情况和社会现状，因此我国环保税改革不能原封不动地照搬别国经验和体系，必须站在我国的

基本国情这个出发点，充分地汲取国际成功经验并将之内化，充分考虑社会现有承受力，逐步地开展环保税改革。由于我国现在仍为发展中国家，无论是经济发展水平还是社会环保意识都和发达国家有一定距离，因此我国的环保税体系一定要减少对我国企业国际竞争力的削弱，在保证经济发展的前提下，开展环保税的征收。

其二，环保税政策应考虑地区差异。目前我国环保税制度仍处于起步的“一刀切”状态，没有很好地考虑各地不同的发展情况，也没有将各地应注重的环保侧重点纳入考虑。我国应当在时机成熟之后给予各地政府一定程度的环保税条例制定权力，使环保税政策充分体现地区差异，实现因地制宜。

（七）推进循序渐进式改革

我国环保税仅仅初具雏形，仍然存在许多不足。但改革不是一蹴而就的，我们还需要漫长的时间以累积实践经验，在实践中逐渐发展完善以形成符合中国国情的独有环保税制度。

因此，我国可以借鉴国际上对于环保税改革的分阶段计划，如德国的“五年计划”及日本的“全球温暖化对策税”，结合我国社会现实和基本国情确立阶段目标，及时反馈并进行调整，稳中有进，循序渐进地建设我国环保税体系。同时，渐进式改革也有利于企业渐进地调整生产方式和技术投入，实现竞争力、盈利与环保技术改进的平衡与互促。

第十四章　创新战略下我国环保税改革研究

引　言

我国经济快速发展的代价是生态环境的持续恶化。牺牲环境来换取短期经济增长最终会导致环境和经济两败俱伤，社会要获得长期进步和发展就需要在注重经济增长的同时运用各种手段改善环境质量，经济与环境的协调发展是国内外长期关注的焦点。环境规制兼具行政强制性和市场经济性，成为各国保护生态环境、促进绿色经济发展的重要手段。因此，基于现实环境压力，我国《环境保护税法》于 2018 年 1 月 1 日正式实施，与此同时，取消了此前规范性较低的排污费制度。

开征环境税主要有两方面的作用，一方面通过提高污染成本、增加环境约束来降低污染排放，另一方面通过激励企业节能减排的技术创新来促进经济进步。

我国环境税开征起步较晚，理论研究及实践都有待发展完善，学者们目前对环境税的环保效益、经济效益及现有税制的合理性尚存争议。关于环境税的环保效应，胥力伟(2010)认为征收环境税增加了企业环境成本，通过税负转嫁方式导致产品价格上涨，从而减少环境类产品的消耗和消费。但也指出了其中的风险性，许多污染产品如煤、钢铁需求弹性小，企业缺少改进技术或寻求替代的动力，环境税便不能起到有效节能减排作用，反而降低了消费者生活质量。除了对企业环境约束，张玉(2014)认为税收还存在一种激励机制，政府通过财政转移支付、绿色采购、直接投资环保事业等措施能够引导和鼓励地方和企业进行环境保护。席卫群(2014)分析了我国高耗能产业节能减排与税收的关系，认为税收体制的设计除了要注重产品的节能，还要关注工艺和管理层面，关注产品的开发和使用阶段更能有效促进节能减排。关于环境税的经济效应和技术创新效应，“波特假说”认为，适当的环境规制能推动企业进行创新，提高生产力和盈利能力，以抵消税负成本。即在环境约束中，企业短期内虽然税收负担加重，为了持续发展，企业往往会选择加大环保投入、加强绿色创新，形成自身的市场竞争优势。臧传琴等(2012)认为环境规制下，企业会主动选择技术更新来消化税收成本，弥补税负占据的利润空间，并实证了我国排污费对技术创新具有正向促进作用。李香菊(2017)发现我国环境税收强度对企业技术进步的影响效应显著为正。而李学迁等(2015)分析了环境税与企业创新的互动机理，发现我国制造业案例并不支持“波特假说”，产业政策风险、知识产权制度缺陷、市场机制不健全等多方面因素导致了环境规制与产业创新的负相关关系。

可见，已有研究从宏观和微观的角度探讨了我国环保税的环保效应与技术创新效应，较为一致的观点认为我国应以保护环境为首要目标，在此基础上，科学设置配套型环境税政策来降低创新和发展的不确定性，在长期内实现经济目标和环境目标的双赢。本书在此基础上分析了我国环保税制的节能减排效果和创新激励效应，探讨现行环保税制的合理性并提出改革建议。

一、我国环保税制度总结

(一)主税种

在环境保护税之前，为了加强污染治理，我国面向排污者(直接向环境排放污染物的单位和个体工商户)制定了排污费征收管理条例，于 2003 年 7 月起实施。排污费作为一种行政收费，规范性、强制性都不够，实施效果较差。从 2018 年 1 月起，《中华人民共和国环境保护税法》正式实施，同时废止了排污费的征收。环境保护税的纳税人为我国领域及管辖领域内直接向环境排放应税污染物的企业事业单位和其他生产经营者。

1. 征税范围

环境税的征收范围与排污费基本一致，包括了大气污染物、水污染物、固体废物和噪声四大税目。环境保护税规定的应税水污染物包括了总汞、总镉、悬浮物、氨氮、三氯甲烷等在内的 61 项污染物，还包括了 pH 值、色度、大肠菌群数、余氯量以及禽畜养殖业、小型企业、第三产业等水污染物；应税大气污染物包括了二氧化硫、氮氧化物、一氧化碳、烟尘等 44 项污染物；企事业单位和其他生产经营者对固体废物处置不合理的，如煤矸石、尾矿、危险废物等，征收环境保护税；在噪声污染上，此前的排污费规定中包括了建筑噪声和工业噪声，环境税仅对超国家标准的工业噪声征税。

2. 排污费与环境税征收标准差异

排污费的标准设定并没产生较大的效果，导致许多企业宁愿付费排污，环境成本仍然很高。环境保护税在排污费的基础上，考虑了地方的差异及需求，增设了上限，即不超过最低标准的10倍，体现了税收法定原则(见表14-1)。

表 14-1　　排污费与环境税的征收标准

<table>
<tr><th>税目</th><th>排污费</th><th>环境税</th></tr>
<tr><td>大气污染物</td><td>1.2元/污染当量(2015年前:0.6元/污染当量)</td><td>1.2～12元/污染当量</td></tr>
<tr><td>水污染物</td><td>1.4元/污染当量(2015年前:0.7元/污染当量)</td><td>1.4～14元/污染当量</td></tr>
<tr><td>固体废物</td><td>煤矸石:5元/吨
尾矿:15元/吨
冶炼渣:25元/吨
粉煤灰:30元/吨
炉渣:25元/吨
其他渣:25元/吨
危险废物:1000元/吨</td><td>煤矸石:5元/吨
尾矿:15元/吨
冶炼渣、粉煤灰、炉渣、其他废物:25元/吨
危险废物:1000元/吨</td></tr>
<tr><td rowspan="10">噪声</td><td>超标1分贝:350元/月</td><td rowspan="3">超标1～3分贝:350元/月</td></tr>
<tr><td>超标2分贝:440元/月</td></tr>
<tr><td>超标3分贝:550元/月</td></tr>
<tr><td>超标4分贝:700元/月</td><td rowspan="3">超标4～6分贝:700元/月</td></tr>
<tr><td>超标5分贝:880元/月</td></tr>
<tr><td>超标6分贝:1100元/月</td></tr>
<tr><td>超标7分贝:1400元/月</td><td rowspan="3">超标7～9分贝:1400元/月</td></tr>
<tr><td>超标8分贝:1760元/月</td></tr>
<tr><td>超标9分贝:2200元/月</td></tr>
<tr><td>……</td><td>……</td></tr>
</table>

资料来源：根据2017年《排污费征收使用管理条例》及2018年《中华人民共和国环境保护税法》整理而成。

环境税规定应税大气污染物，按照污染量从大到小排序，对前3项污染物征收环境保护税。应税水污染物对第一类水污染物按照前5项征收环境保护税，对其他类水污染物按照前 3 项征税。而在排污费规定中，对每一排放口征收的水污染物种类数和大气污染物种类数，均最多不超过 3 项，其中对水污染超过国家或地方规定的污染物排放标准的，加一倍征收超标准排污费。由表 14-1 可发现，环境税改革总体上体现了"费平移"，保持平稳过渡，有利于征税的顺利开展。

3.减免规定

排污费存在一档激励约束机制，企业污染物排放高于标准的，按照各省(区、市)规定的征收标准加一倍征收排污费，企业污染物排放浓度值低于所规定的污染物排放限值 50%以上的，减半征收排污费。环境保护税中，在排污费减半征收基础上，增加了一档减免规定，即纳税人排放应税大气污染物或者水污染物的浓度值低于国家和地方规定的污染物排放标准 30%的，减按 75%征收环境保护税。

(二)辅助性税种

我国在增值税、消费税、资源税等众多税种中都融入了环境保护的措施及理念，这些辅助性措施和环境保护税一起构成我国环保税体系，在不同环节发挥着不同的作用，相辅相成，共同致力于我国环境质量的改善和环保技术的提升。表 14-2 为部分税种中有关环保及鼓励创新的规定。

表 14-2　　环保税辅助性税种有关规定

税种	主要规定	意图及作用
增值税	对符合《合同能源管理技术通则》的能源管理服务免征增值税； 对销售符合规定的资源综合利用产品(如再生水、翻新轮胎等)免征增值税，对污水处理劳务免征增值税，对以工业废气为原料生产的高纯度二氧化碳产品、以垃圾为燃料生产的电力或者热力等实行即征即退等； 对燃煤发电厂及各类工业企业产生的烟气、高硫天然气进行脱硫生产的副产品及以废弃酒糟和酿酒底锅水为原料生产的蒸汽、沼气等实行增值税即退即征 50%	鼓励环保生产，提高企业节能减排积极性
消费税	15 个税目中包括了烟、鞭炮、成品油、汽车、摩托车、木制一次性筷子、电池等与环境直接相关的消费品，其中对汽车按气缸容量大小实行不同税率，如气缸容量≤1.0 升，实行 1%税率，气缸容量≥4.0 升，实行 40%税率	引导绿色消费理念，提升环保意识

续表

税种	主要规定	意图及作用
资源税	征税范围包括原油、天然气、煤炭、金属矿、其他非金属矿五大类； 2016 年 7 月 1 日开展水资源税改革试点； 对鼓励利用的低品位矿、废石、尾矿、废渣、废水、废气等提取的矿产品，由省级人民政府根据实际情况确定是否给予减税或免税	促进资源节约及合理开采使用，提高资源利用率
车船税	对节约能源、使用新能源的车船可以减征或者免征车船税； 对乘用车按排气量分档征收车船税，如 1.0 升以下 60～360 元/辆，4.0 升以上 3600～5400 元/辆	促进交通设施和环境质量改善，鼓励新能源技术发展
企业所得税	企业购置并实际使用相关节能节水和环境保护专用设备的，可按一定比例实行税额抵免； 企业从事符合条件的环境保护、节能节水项目的所得，包括公公垃圾处理、节能减排技术改造、海水淡化等，可以免征、减征企业所得税	增强企业创新能力，促进节能减排，鼓励环保事业发展

资料来源：国家税务总局网站(http://www.chinatax.gov.cn)。

除此之外，城市维护建设税用于公用事业和公共设施的维护建设，具有附加税性质和专款专用的特点。城建税为城市环境基础设施建设、治污提供专项资金，在环境治理上发挥重要作用，也被认定为环保税税种之一。耕地占用税促进土地资源的合理利用，亦归属于环保税体系。上述这些辅助性税种相关规定体现了资源节约、绿色消费、节能减排的政策意图，在促进绿色经济发展上发挥了重要作用。

二、我国环保税的效益分析

(一)环保效应

我国 2003 年实施排污费制度，与辅助性税种一起鼓励环保，约束环境污染行为。图 14-1 反映了我国 31 个省、市、自治区(不包括香港、澳门特别行政区和台湾地区)的水污染排放情况，采用的指标是水污染排放/工业生产总值，可以发现每亿元产值的污水排放量在 2003～2009 年下降明显。图 14-2、图 14-3 分别是我国 2000 年后的每亿元工业产值所排放的二氧化硫、烟尘的变动趋势图，观察发现实施排污费制度后污水排放在各年均有明显降低。[①] 然而，排污费的减排作用存在边际递减效应，近几年的减排效果并不明显，因此“费改税”是当前为促进节能减排必要的手段。

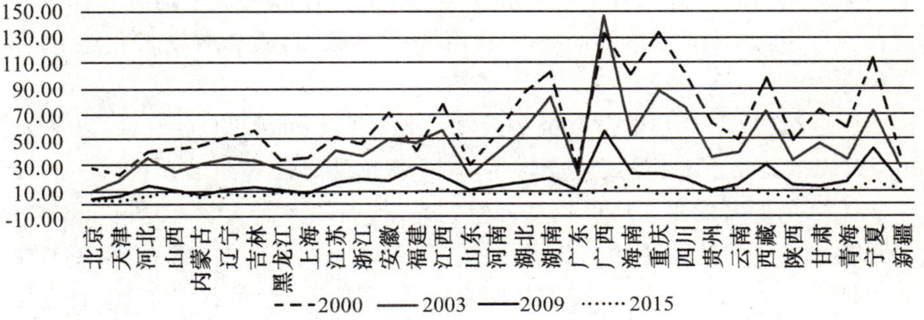

图 14-1　各省(市、区)污水排放情况(万吨/亿元)

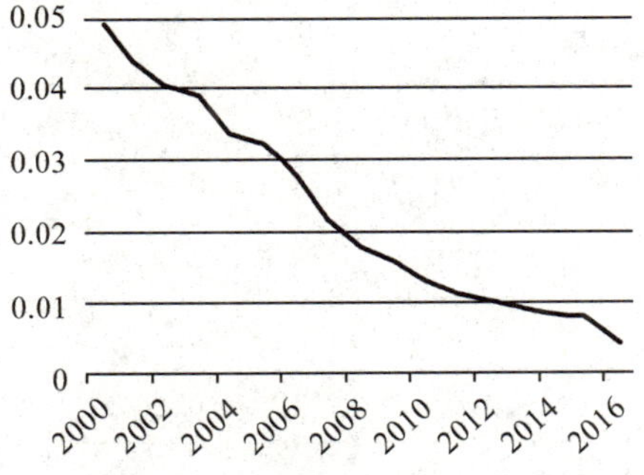

图 14-2　全国二氧化硫排放情况
(万吨/亿元)

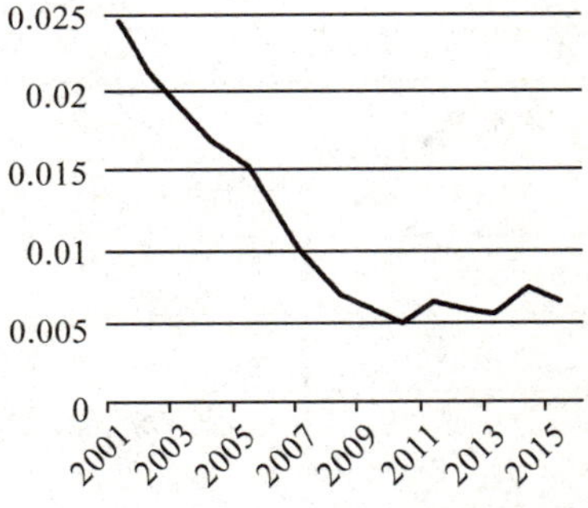

图 14-3　全国烟尘排放情况
(万吨/亿元)

(二)经济与技术创新效应

在环保税的约束与激励共同作用下，企业会产生动力进行环保投入与自主创新来消化“遵循成本”，这样从长期来看将促进技术创新和产业结构升级。环保税的“专款专用”也将为环境基础设施、环保技术研发提供支持，从而形成良性循环。环保税的经济效应主要通过“环境税—技术创新—经济增长”机制体现的，而关于环保税的创新效应研究，还尚未形成一致的结论。

---

① 图 14-1、图 14-2、图 14-3 数据来源于国家税务总局网站(http://www.chinatax.gov.cn)。

本书以北京市为例对我国环保税的创新效应进行实证分析，北京市是京津唐工业区的成员之一，拥有雄厚的经济实力和较强的科技创新能力，但同时工业企业污染情况也较严重，因此选择北京地区分析环保税改革及创新驱动效应具有一定的样本意义和参考价值。为了考察北京地区环保税对创新的作用，选择北京市2003～2016年的相关数据，所选数据来源于wind数据库。

因变量：选取专利申请数量p反映该地区的创新水平；自变量：以e、r、v分别表示北京市的排污费、资源税、车船税。目前较多的学者从单一的环保税指标变量出发探究环保税对创新的作用，而环保税实际上是一个体系，需要考虑相关辅助性税种的共同作用。因此本书选择了与环保税相关性较强的排污费、资源税、车船税，将排污费作为环境保护税的代替指标，对变量采取对数化处理，以消除异方差。采用ADF单位根检验方法对数据进行平稳性检验，检验结果如表14-3所示。

表14-3　　　　ADF检验结果

变量	(c,t,k)	ADF检验值	p值
$\ln p$	$(c,t,0)$	0.07785	0.9501
$\ln e$	$(c,t,0)$	－1.72788	0.3958
$\ln r$	$(c,t,0)$	－0.88635	0.7583
$\ln v$	$(c,t,0)$	－1.06483	0.6953
$\Delta\ln p$	$(c,t,1)$	－4.75641***	0.0036
$\Delta\ln e$	$(c,t,1)$	－4.61587***	0.0045
$\Delta\ln r$	$(c,t,1)$	－4.00276**	0.0122
$\Delta\ln v$	$(c,t,1)$	－3.25780**	0.0423

注：Δ代表一阶差分，检验形式(c,t,k)中c表示常数项，t表示趋势项，k代表滞后阶数；*、**、***分别代表在10%、5%、1%显著性水平上显著。

由检验结果可知，所有变量均在一阶差分后平稳，设定计量模型为：

$$\ln p_t = \alpha \ln e_t + \beta \ln r_t + \theta \ln v_t + \varepsilon_t$$

运用OLS对方程进行估计得到以下结果：

$$\ln p_t = 0.12337\ln e_t + 0.47248\ln r_t + 0.70477\ln v_t - 2.290578$$

$$t = (2.244628)\quad (2.986875)\quad (7.950674)\quad (-2.382619)$$

调整后的拟合优度为$R^2=0.972281$，可见方程拟合度较高。对残差序列继续进行平稳性检验，ADF 检验值为－5.339345，1％显著性水平临界值为－4.05791，即通过 1％显著性水平检验，说明企业创新水平与各环保税变量间存在协整关系。估计方程中，排污费、资源税、车船税均在 5％的水平上显著，并且回归系数均为正，充分说明环保税对企业创新具有较强的正相关性。而排污费与资源税、车船税相比影响较弱，资源税、车船税近几年在促进能源技术发展上发挥了重要作用，收费的规范性不强且随意性较大，费改税后环境税的促进作用将强化。可见，环保税促进了北京市企业科技创新，同时创新成果又将作用于环保节能，从而实现良性发展。同时，要实现绿色发展不可忽略辅助性税种的作用，环保税不是独立的，因此改革需要考虑整个环保税体系的相互配合。

三、我国环保税体系存在的问题

（一）辅助性税种的环保功能定位不强

尽管在增值税、资源税、消费税等税种中存在与保护环境相关的规定，但环境保护的实施效果并不理想。如在整个税制体系中，资源税更注重于促进自然资源的适度开采和合理利用，主要针对开采过程阶段征收，这就忽略了开采后导致的环境问题。资源税等辅助性税种本身目的在于增加财政收入、调节资源级差、调整收入分配等，而环保税更趋向于校正环境价值的经济外部性，总体上环保税辅助性税种的环保力度不够，企业在这些税种中难以受到环境制约。并且资源税、消费税、车船税都有“事前控制”的性质，即在环境污染排放之前采取征税措施以起预防作用，但若税种中的环保功能较弱，“事后治理”投入较低，便难以激发环保意识，不利于环境质量的改善。因此，辅助性税种中的相关环保措施仍需补充和强化。

（二）征税范围狭窄

资源税作为一项专门性税种目前仅对五大类税目征税，我国虽在进行水资源税改革试点，但是其覆盖面相对较窄，仍有很多自然资源没有被纳入征税范围，如森林、海洋、野生动植物等。消费税征税范围包括了电池、木制一次性筷子等，未来也需要进一步扩大税基，将塑料袋等对资源浪费严重及环境污染严重的产品纳入征税范围。环境保护税对直接向环境排污的行为征税，尚未包括环境交易行为，具有一定的局限性。作为主税种所涵盖的污染物较片面，环境税征税范围限定在水污染、大气污染、固体废物及噪声污染，税目中缺少放射性污染、垃圾、汽车尾气等对环境造成重要影响的污染物。此外，我国面临着承诺到2020年温室气体排放较2005年减少40%～45%的压力，现行税制体系下，应注重能源消耗与碳排放，为了进一步加强节能减排，减缓温室效应，应适时将碳税也纳入到环境保护税的征税范围中。

（三）成本倒挂现象严重

此前的排污费所规定的水污染征收标准在2015年由0.6元/污染当量调整为1.2元/污染当量，同时大气污染征收标准由0.7元/污染当量调整为1.4元/污染当量，学者们都普遍认为该征收标准偏低，环境治理成本远高于排污费征收标准，成本倒挂现象严重，这样也导致很多企业宁愿付费排污，缺乏动力进行节能减排与技术更新，环保效果并不理想。环境税的税率是在排污费的基础上设置的，全部作为地方收入并规定了税率上下限，考虑地方的差异，给予地方充分自主权。地方要合理设置最优税率，在环保需要与企业缴税意愿以及技术创新之间寻求平衡。

成本倒挂现象同样出现在资源税、车船税、消费税、城建税中。资源税并不是按照自然资源的稀缺程度征收，且征税力度较轻，非动态性的低税率难以反映市场状况，易导致过度开采，难以达到节约资源的效果。增值税对煤气、天然气、自来水、农药等实行低税率，2017年7月1日起，税率由13%降为11%，税率过低不利于环境保护。消费税中对木制一次性筷子实行5%税率，对电池实行4%的税率，税率较低，对绿色消费的引导作用较弱。此外，城建税具有专款专用的特点，而目前环境治理投资与城建税收入之间的差额较大。

（四）惩罚一激励机制待完善

环保税要在实现环境保护的作用上促进技术进步，必须要有一套健全的惩罚—激励机制，惩罚—激励机制通过税收加征及减免优惠实现。环境税目前仅规定两档优惠税率：污染物排放浓度值低于所规定的污染物排放限值50%以上的，减半征收排污费；污染物排放浓度值低于所规定的污染物排放标准30%的，减按75%征收环境保护税。一方面，环境税并未对减免规定进行细化，不能充分激发环保动力；另一方面，环境税体现了地区差异化但未体现行业差异化，不同行业的排污水平、治污能力和税负水平不同，考虑行业差异化更能充分挖掘不同行业的减排能力和创新潜力。增值税的优惠政策还应进一步增加对循环产品、绿色环保企业的覆盖。消费税中尽管对汽车按气缸容量大小实行不同税率，在一定程度上起到了鼓励使用新能源的导向作用，但仍需体现出对新能源的税收优惠。资源税的征税比较侧重于开采、利用环节，而相应的税额标准及优惠与环境影响联系较少，并不能很好地实现资源节约以及新能源技术提升的效果。

四、创新战略下我国环保税制度改革建议

(一)完善税目、税率，扩大征税范围

目前我国整个环保税体系有待扩大征税范围，环境保护税应逐步实现对碳税、垃圾税的征收。纳税人也可逐步向居民过渡，充分体现“谁污染谁付费”原则。在税率设置上应尽量灵活，环境保护税税率在所规定的上下限范围内，根据地方环境情况与企业表现进行动态调整。

辅助性税种中应扩大消费税、资源税的税基，可将森林、野生动植物等纳入到资源税的征税范围中。其次在企业和消费者可承受范围内，适当调整资源、污染品税率，尽量减轻成本倒挂问题。

(二)前端控制与末端治理相结合

“前端控制”体现在对环境的利用环节，“末端治理”强调对造成的环境影响进行绿化处理，按生产—消费—利用—回收的产品基本流程完善环境税体系设计，对环境保护细化到每一个环节。由于单一税种无法全面涉及前端约束和末端治理，这就需要整个环境税体系中各税种发挥在相应环节的作用并高效配合，环境保护税的改革需要在整个环节中填漏补缺。

资源税、车船税都带有前端控制的性质，增值税、消费税注重于交易环节的环保，而城建税用于城市环保投资，较偏向于污染治理。因此，合理设置资源开采阶段的税收措施、车船购买时的税率及节能优惠，能强化环境税的前端控制。增值税、消费税设计要体现对交易环节中污染产品及行为的制约，对回收再利用的鼓励，发挥交易环节的控制。城建税要专款专用，切实投入到城市的污染治理，发挥环保税的终端治理控制。各税种之间要进行环保职能分工，针对企业绿色原材料的采购、环保生产、绿色交易、环境治理、回收及循环利用的整个流程完善环保税税制。

（三）完善税收优惠政策

税种的增加往往会使企业产生“税负加重”的感觉，当利润空间缩小时，企业愿意去实行税收优惠所规定的情形来降低“遵循成本”，因此环境税的政策目标实现需要税制约束与激励并行。

税收优惠能充分调动企业的积极性，现行环保税制应扩大税收优惠覆盖面，对企业进行生产改进、绿色技术投入及研发给予一定的税收激励措施。环境保护税应增加减免档次，考虑不同行业的排污治污能力差异，实行差别税率，发挥不同行业企业节能减排的潜能。

辅助性税种的税收激励政策也同样需要完善。资源税还应鼓励绿色开采，加大对企业废物利用的税收优惠力度；车船税可给予油耗能量低的车船税收优惠；增值税应进一步加大对环保产业、产品的优惠政策覆盖面，更大范围促进循环经济发展。

（四）循序渐进推进改革

我国目前环境保护税法“由费改税”的改革力度较小，资源税、消费税、增值税等税目税率都有待改进，然而，环境税体系的改革并不能一步到位，并且一步到位也存在诸多弊端，短期内会给企业带来较重的压力。环保税改革要分清主次，对环境有重要影响的项目应尽早纳入征税范围，逐步增加税目。在税率设置上应根据环境状况、实施效果进行动态调整，但又要保证一定的稳定性，在不同时期充分调动企业环保的积极性，循序渐进地完善环保税制度。

（五）注重配套型政策

环保税体系作用的发挥还需配套型政策的助力。首先，要加强对环保税实施的监督，避免企业“逃税排污”，明确责任。其次，完善企业环境信用管理体系，增加透明度，全方位考核企业的环境信用，促进环保型企业的发展。最后，加强政府对节能环保、绿色创新行为的鼓励，包括宣传、绿色采购、对企业的环保投入给予一定的创新补贴等一系列支持政策。

第十五章　创新战略下国际遗产税改革趋势与借鉴

引　言

遗产赠与税（以下简称“遗产税”），也叫作“继承税”，是指一个国家或者地区对死亡的人所留下的遗产征税。征收遗产税的初衷，在于调整分配不均，防止贫富悬殊过大。遗产税历史悠久，早在古埃及时代就曾征收过，近代的遗产税于16世纪末始于荷兰，中国也曾在20世纪中期开征过。目前，世界许多国家都开征了遗产税，特别是经济发达国家。

然而近几年来，各国对遗产税的存废存在很大争议，目前国内外关于遗产税开征与否、遗产税的征税效应的研究并无定论。国外许多学者认为遗产税的存在很不合理，影响了经济的发展。美国学者 Hansen 和 Alvin（1947）在著作《经济政策和充分就业》中认为遗产税可能会给私人投资欲望和能力造成影响，以至于会影响社会就业。Saxton 和 Jim（1998）的《遗产税经济学》是遗产税反对论的代表文献。首先，文章批驳了遗产税的积极作用，如平均分配社会财富、推动慈善事业发展、增加政府财政收入等。其次，肯定了遗产税带来的消极影响，涉及经济发展、税收效率和公平、企业管理者行为等方面。但也有许多学者明确支持遗产税，表示遗产税的设立有利于经济效率的提高。Joulfaian（2000）认为遗产税会改变纳税人的行为，刺激劳动力的增加。因为一旦开征遗产税，年轻人从父辈得到的遗赠无法满足其生活的需要，他们必须通过更加努力工作来满足其需要。由于遗产税可能导致生育率的提高，从而会增加消费需求，使得劳动力供给增加的现象更加显著。Dell（2005）认为第二次世界大战后德国贫富差距比美国严重的主要原因是德国的遗产税税率太低。Tadić和 Milan（2016）的研究表明，当遗产税税率处于较低水平时，能够提高经济效率。

近年来，国内开征遗产税的呼声渐高，为考量中国适不适合开征遗产税，学者们开始对遗产税进行研究。刘荣(2008)认为中国应该开征遗产税，他认为遗产税符合合理有效使用社会财富和提高资源配置效率的要求，有利于促进财产的合理、有效使用，减少经济资源的闲置、浪费，从而促进经济发展、提高资源配置效率。项有义(2011)认为遗产税更有可能增加父母的劳动供给，提高经济效率，消费者即期消费的提高，必然会提高相关行业的发展，提高相关行业所创造的社会财富。张熠、卞世博(2015)分析了征税遗产税用于社会保险、教育等民生领域对宏观经济、产业结构和社会福利的影响。研究表明，恰当地征收遗产赠与税有助于实现"稳增长""调结构""促销费"这三个重要的宏观经济管理目标，也会大大减少社会福利损失。

目前对遗产税的研究并无定论，特别是遗产税对经济效率影响的研究较为缺乏，故本书对世界上多个开征过遗产税的国家和地区的遗产税制度进行研究，总结遗产税制度中能够提高经济效率的有益经验，为有意开征遗产税的国家和地区在设计遗产税制度时提供一些参考。

一、遗产税基本制度

(一)遗产税的概念

遗产税是指对财产所有者死亡以后所遗留的合法遗产征收的一种税，一般包括两部分，一是征收被继承人的遗留财产，二是征收继承人继承的遗产。遗产税又被称为"死亡税"和"继承税"。

(二)遗产税的性质

关于遗产税的性质素来有两派观点。一派认为，遗产税属于流转税，其认为遗产税只是对遗留财产的转移进行征税，而不是对财产的所有征税，即对财产的流通这一行为进行征税，所以该税为流通税。另一派认为，遗产税属于财产税，财产税指以纳税人所取得或者所拥有的财产总数额为征税对象的税种。从遗产税的定义来看，遗产税明确表示以被继承人所留下的财产为征税对象，也就是说遗产税的根本性质就是对财产征税，而不是对财产转移行为征税，而且遗产本身也就是财产，所以对遗产征税和财产征税在本质上是一样的，两者只是在方式和时间上有所变化，因此将遗产税归为财产税也更为恰当。目前，世界上开证遗产税的国家都将遗产税列入财产税类。

(三)遗产税的功能

遗产税的历史源远流长。据考证,早在古埃及、古希腊以及古罗马时代就已有遗产税,开征主要是出于筹集战争经费的需要。1598年,荷兰也因战争经费短缺而向国内公民开征遗产税,其后英国、法国、美国、意大利和日本也出于相同目的相继开征了遗产税,各国在战争停止后也都停征。现代遗产税始于20世纪。20世纪初,遗产税慢慢地成为了多个国家固定的税种,征税的主要目的也由筹集财政收入转化为调节社会成员的财富分配,缩小社会贫富差距。迄今为止,世界上已经有100多个国家开征了遗产税。

(四)遗产税的分类

遗产税在征收的实践过程中,逐渐形成了三种典型的征收类型:总遗产税制、分遗产税制、混合遗产税制。三种类型对比如表15-1所示。

表15-1 遗产税的分类

税制类型	总遗产税制	分遗产税制	混合遗产税制
课税对象	被继承人死亡后遗留的财产总额	各个继承人分得的遗产份额	被继承人的总遗产和继承人所得的继承份额
纳税人	遗产的执行人或遗产继承人	遗产继承人	遗产的执行人或遗产继承人
表现形式	“先税后分”,即对被继承人死亡后遗留的财产总额综合进行课征	“先分后税”,即对各个继承人分得的遗产份额分别进行课征	“先总税,后分税”,即先对被继承人的遗产征收总遗产税,再对继承人所得的继承份额征收分遗产税
优势	计算简便,征管便利,有利于提高税收管理的效率	更能体现量能负担的原则,也更能体现税收的公平原则,具有防止财富集中的功能	保证税源,体现纳税人负担能力,税负相对公平
劣势	不能体现对继承人的量能负担原则	征管费用相对较高,税源难以控制	重复征税,征管难度大,计算复杂,技术难度大
代表国家和地区	美国、英国、新西兰、新加坡、中国台湾、中国香港	日本、法国、德国、韩国、波兰	意大利

二、遗产税影响经济效率的途径

遗产税对经济效率的影响可以从财富分配、投资与消费、劳动供给、资产持有结构和慈善捐赠等方面进行分析。

(一)财富分配

现代遗产税的征收,主要是通过对遗产和赠与财产进行调节,防止贫富悬殊过大,促进社会公平。财富的私有化与社会化明显是矛盾的,若私有化过多,就会造成社会资源和财富向少数人集中,限制生产力发展。那么,遗产税的开征就是合理的。

通过研究各国遗产税制度发现,遗产税通常会设置很高的免征额,这就将收入较高者和收入较少者区分开来,只征收高收入者的财富,所以遗产税也称"富人税"。低收入者的财富不受遗产税征税影响,而高收入群体则要依照遗产税制度缴纳相应比例的遗产税,通常获得的遗赠财产越多,就要缴纳越多的遗产税。如此一来,高收入群体和低收入群体的财富差距通过遗产税的调解得到一定的缩小,从而改善社会贫富差距过大、收入分配不公的问题。

首先,遗产税的征收表明了政府公平社会财富、积极促进全体社会成员机会均等、致力于解决"富二代"与普通人群之间起点不公问题的决心,鼓励年轻一代不吃老本、创新创业,从而让社会成员更有信心开创事业,充分发挥市场活力。

其次,遗产税的征收能起到"排气孔"的功能,让低收入者体会到高收入者的压力,让富有群体和低收入群体能够相互理解,促进社会和谐发展。低收入者能够理解高收入者的负担,放下仇富心理,向正当致富者学习。而那些正当致富者也能因为他们的能力和努力得到社会的认可和尊敬,从而努力发挥自身价值,创造更多社会财富。

美国前财政部长 Robert Rubin 指出,通过遗产税聚集财政收入,不但可以用来弥补财政赤字、增加财政投资、提供社会救助,而且可以有效阻止经济、政治继承权力积累。遗产税取之于民,用之于民,对遗产税进行征税,虽然减少了个人资本,但它不一定能减少国民资本,政府如果用这笔税款进行投资,或用于劳动力保险、教育等方面,则可以促进行业的发展,提高劳动者的素质,改善人民的生活,整个国民财产没有由此受到损失。

(二)投资与消费

首先,征收遗产税,使得政府获得的社会财富规模增加,增强了政府提供公共管理和公共产品的财力保障。同时,社会的财产会得到合理的使用,资金流转速度加快,资源闲置减少,经济增长潜力得到挖掘,提高了资源配置效率,促进了经济发展。

其次,征收遗产税会促使纳税人增加对子女的投资。例如,如果富人意识到自己的财产死后会缩水,不能留给子女一样多的财产,那么他们就会在生前给予子女更高的消费水平,如增加生前对子女教育资金的投入,让他们学会更好的生存技能。这样一来,即使富人的初衷是借用增加消费来对冲遗产税征税带来的财产损失,但其实已然在隐形中促进了人力资本投资。

(三)劳动供给

遗产税会对社会成员的劳动供给产生影响,进而影响经济发展。一方面,遗产税的征收必然会使被继承人的财富遗产净额减少,那么被继承人会更愿意减少工作时间而选择花更多时间休闲,因为征收遗产税后选择休闲的成本降低了。此时,遗产税的替代效应会减少劳动供给。但另一方面,遗产税的征收减少了遗产赠与人的财富之后,出于为子孙后代留下更多财富的考虑,在收入效应的作用下,遗产赠与人会选择增加工作时间来弥补因为征收遗产税而造成的财富损失。同时,由于征税后能够继承的财富变少,年轻一代无法依靠父母长辈的赠与满足其生活的需要,这迫使他们更加努力地工作。

除此以外,David Joulfaian 通过实证模型证明,遗产税的征收可能会提高家庭生育率,而生育率的提高又会促进消费的增长,从而推动社会劳动供给的增加。劳动供给对社会产业结构、社会财富量、资源配置等都会产生影响,且通常为正比关系,劳动供给量越多,经济效率也会随之得到进一步的提高。

因此,若遗产税制度设置合理,会使遗产税的收入效应大于替代效应,增加劳动供给,提高经济效率。

(四)资产持有结构

遗产税的课税对象是被继承人死亡后遗留下来的财产,这些财产不仅包括可以直接缴税的现金资产,也包括容易变现的金融资产和一些实物资产或无形资产。例如个人住宅、公开交易的股票、债券、基金、保险票面价值、农场资产、合伙公司股份、艺术品等资产。

政府对遗产课税，就会对纳税人的资本构成产生影响：为了便于履行缴税义务，纳税人倾向于保留一些有明确市场价值的流动性强的资产，比如上市公司的股票，确定其价值较容易，且方便变现，可避免限时变现的压力造成的损失。如果遗产的大部分是房地产等流动性较差的方式持有，为了缴纳遗产税，死亡时立即出售其财产，因资产流动性较差，导致变现时成本较高，会造成重大损失。纳税人就不得不考虑遗产的结构，从而改变资产构成，持有足够的流动性资产，以支付税款。这使得纳税人偏好流动性资产，这就可能影响流动性资产和非流动性资产的相对价格，进而对社会的产业结构产生较大的影响，使拥有流动性资产较多的产业发展较快，进而最终影响整个社会的资源配置。

（五）慈善捐赠

各国遗产税普遍设置了对慈善捐赠的优惠措施，鼓励人们对慈善机构赠与，这样在实现向贫穷阶层的转移支付的同时，也将社会上一部分资金汇集到一起，使得慈善机构成为庞大的投资主体。各国经济实践表明，慈善机构作为大宗政府债券的购买者为公共投资和稳定金融作出了不小的贡献。

三、国际遗产税制度总结

（一）美　国

1. 美国遗产税发展历程

美国从建国以来便设有遗产税，税制随着社会的发展而不断变化，表15-2统计了美国遗产税的发展历程。

表 15-2　　美国遗产税发展历程

时间	事件
1797～1802 年	开征遗产税，其目的在于为建设扩充美国海军，以应对当时美法海上冲突。
1861～1870 年	二度开征遗产税，主要为应对急剧增长的军费支出。
1898～1902 年	再度开征遗产税，为夺取菲律宾、古巴、波多黎各殖民权与西班牙之间爆发战争，为筹集军费。

续表

时间	事件
1916～2017 年	四度开征遗产税。在其发展过程中，国民收入也存在着极大的不平衡性，使得美国贫富两极分化极其严重，资本主义社会的基本矛盾进一步尖锐，为了缓和这些矛盾的影响，美国政府开征了遗产税。
2017 年	特朗普税改方案执行的遗产税。

资料来源：王正平、李耀锋：《美国遗产税政策的伦理基础及其对社会道德产生的影响》，《湖北社会科学》2014 年第 5 期。

2. 2018 年美国遗产税基本内容

计税依据：被继承人死亡时所留下来的所有财产均应征遗产税，包括被继承人死亡时留下来的动产与不动产、有形资产与无形资产以及这些财产所产生的利息。

纳税主体：公民和永久居民在全球的资产进行遗产税征收，对于非居民，美国只对其在美国的财产课税，不进行全球征税。

税率：使用超额累进制税率，税率分成 18 个等级，18%～48%不等，与遗产总值直接相关，遗产越多，税率越高。

税收起征点：财产分别在 1098 万美元和 2200 万美元以下的美国个人和夫妻免征遗产税，外国非居民只有 6 万美元的免征额度，超过部分需要征收遗产税。对于债务、丧葬费用、遗产处置期意外损失、配偶婚姻及慈善捐赠等费用在征税前可进行扣除，不列入征税范围。

征税方式：总遗产税制，抑或说是先税后分的税制模式，即将被继承人所留下的所有遗产进行征税后再交由各继承人进行继承、分配。

3. 美国遗产税制度中有利于经济效率的税收优惠

(1)提高个人免税额，降低税率

美国的遗产税的起征点自遗产税制度确立后也是随着社会的发展而不断变化的，表 15-3 反映了美国遗产税起征点的变化。

表 15-3　美国遗产税起征点的变化

时间	起征点
1916～1925 年	5 万美元
926～1953 年	10 万美元
1977～1986 年	12 万美元
1986 年	50 万美元

续表

时间	起征点
1987～1997 年	65 万美元
2002～2018 年	由 100 万美元提高到 1098 万美元

资料来源：王正平、李耀锋：《美国遗产税政策的伦理基础及其对社会道德产生的影响》，《湖北社会科学》2014 年第 5 期。

(2)遗产税的税收优惠(见表 15-4)

表 15-4　　遗产税税收优惠

条目	政策
婚姻扣除	只要被继承人或者赠与人的配偶满足下列条件，也可以享受婚姻扣除： (1)该配偶在申报遗产税以前成为美国公民，且在被继承人或者赠与人去世之日与取得美国公民权之间的期间内是美国公民。 (2)把财产转移或者委派给一个符合税法规定的国内信托机构的，该类信托机构必须有一名管理者是美国公民或公司，且在资金分配上有否决权。信托的应用十分广泛，设立起来十分方便，可以在在世的时候设立，也可以写在遗嘱里。人们通常选择将自己的资产放进信托基金里，而不是在去世时直接把全部资产一次性地传给孩子，这样可以最大限度地少缴或者免缴遗产税。美国有很多专业公司和机构提供完整的信托服务，包括撰写遗嘱、设立信托以及信托管理等业务。他们有庞大的专业团队支持，专家来自法律、会计、税务、银行、保险等相关领域。这实际上十分有利于信托机构的发展扩大，带动相关行业的发展。
慈善机构扣除	税法允许对符合下列条件慈善捐赠或者类似的财产转移予以扣除： (1)赠与美国联邦、州政府领地范围以内的任何政治机关或者哥伦比亚特区，或者赠与财产供以上政治机关使用，并且仅用于公共目的。 (2)赠与仅从事宗教、慈善、科学、文学、教育事业(包括艺术奖励、保护儿童和动物以及鼓励国内或者国际体育运动竞赛)的协会或者公司，或者赠与财产供以上协会、公司使用，并且仅用于上述目的。 (3)赠与信托管理者或者兄弟会等以分会体系为组织形式的协会，而且仅用于宗教、慈善、科学、文学、教育或者保护儿童和动物等目的。 (4)赠与按照法律成立的退伍军人组织或者其分支机构，或者赠与财产仅供上述组织、机构使用。 对于美国公民或者居民纳税人向国内公司、协会或者在美国使用的信托的慈善捐赠的扣除，税法没有规定上限，即这类捐赠可以全额扣除。

续表

条目	政策
家庭拥有事业特别免税额	对于特定的家庭拥有事业，税法上给予特别的优惠。在 1997 年度，税法规定除了 60 万美元的综合免税额外，可以再加上 70 万美元的家庭拥有事业特别免税额，但是二者合计免税额不得超过 130 万美元。免税额的增加鼓励了家族企业的持续发展。

资料来源：王正平、李耀锋：《美国遗产税政策的伦理基础及其对社会道德产生的影响》，《湖北社会科学》2014 年第 5 期。

(二)英　国

1. 英国遗产税发展历程

英国的遗产税也有长久的历史，表 15-5 统计了英国遗产税的发展历程。

表 15-5　英国遗产税发展历程

时间	事件
1694 年	遗嘱税
1796 年	开始征收遗产税，主要原因在于法国大革命引发的大量军费开支及受法国平等、博爱思想的影响。在英国，遗产税又被称为“死亡税”，它以死者的遗产及生前的赠与财产为课税对象。
1975 年	资产转移税
1986～2018 年	用“遗产继承税”取代了“资产转移税”，遗产继承税实行总遗产税制，以财产所有人被继承人死亡后遗留的财产总额为征税对象，并且将赠与税合并一起征收，在遗产遗产税处理上“先税后分”，即先对被继承人死亡遗留财产额征税，然后才将税后遗产分配给继承人或受遗赠人。

Source：Tadić，M. ，“Economic Effects Real Estate Tax”，*Economics*，2016，4(1)：115-136.

2. 2018 年英国遗产税制度的基本内容

(1)纳税人

英国遗产税的纳税人为遗嘱执行人、遗产管理人和赠与人。如果该纳税人不能或没有支付税款，税法规定遗产或财产受让人就负有纳税义务。

(2)征税对象和范围

①英国遗产税的征税对象包括死亡时全部财产；

②死亡前 7 年内赠与的财产；

③赠与后仍保留收益权的财产和视为应税转让的全部信托财产；

④居住在或被视为居住在英国的个人拥有的或来源于英国的所有财产；

⑤居住在其他国家或地区的个人拥有的来源于英国的财产。

(3)税率(见表 15-6)

表 15-6　　英国遗产税税率发展历程

时间阶段	事件
原资产转移税	7 级超额累进税率，免征额是 67000 英镑，去世以后转移财产最低税率为 30%，最高税率为 60%；去世以前转移财产最低税率为 15%，最高税率为 30%。
1986 年改为遗产税后	税率级次降为 4 级。
1988～1989 年度起至今	单一比例税率为 40%。

Source：Tadić，M. ，"Economic Effects Real Estate Tax"，*Economics*，2016，4(1)：115-136.

3.英国遗产税制度中有利于经济效率的税收优惠

为维系家庭所作的赠与免税。为维系或者支持配偶、原配偶、无独立生活能力的亲属所作的赠与，为教育、培育子女所作的赠与，都可以免缴遗产税。由于遗产税对教育方面有优惠，增加了社会和家庭对子女教育的投入，促进了人力资本投资。

商用财产减免。这种税收减免适用于某些特定的商用财产，并且这些财产必须依法连续拥有 2 年以上，投资和资产交易性的财产不适用此规定。由于一些行业的高风险性或者低收益性导致该行业的发展受阻，但该行业又是国家发展不可或缺的一部分，那么这部分财产的减免就能吸引部分商人投身其中，从而促进经济的平衡发展。

农业财产减免。农业财产的遗产税减免适用于耕种自己土地的农民和将土地租给佃农耕种的农场主，其条件是必须以农业为目的、拥有该项财产 7 年以上或者已经被他人以农业为目的占有 7 年以上。农业财产包括农用土地、草地、林场、农场建筑及农用房屋等用于农业生产经营的财产。

(三)日　本

1.日本遗产税发展历程

日本是实行分遗产税制继承税的典型国家。日本现行分遗产税制始行于 1953 年，在这之前实行过总遗产制税，同时开征赠与税，以补充其不足。

继承税的纳税人为每一个通过继承或遗嘱安排获得财产的人，课税对象为继承人和受遗赠人取得的一切财产总额减去负债和丧葬等费用后的净值。这一税种在日本属于中央税。

2. 2018 年日本遗产税制度的基本内容

(1)纳税人

日本的遗产税是对由于继承、遗赠而获得财产的个人征收的税收。遗产税的纳税人是遗产的继承人，包括在日本境内有住所的继承遗产的个人和虽在日本境内无住所、但是继承在日本境内的遗产的个人。有些继承人放弃遗产，也被视为继承人，从而也被作为纳税人对待。

(2)征税对象

征税对象为遗产税纳税人通过继承获得的全部有经济价值的财产。从结果来看，纳税人所获得的与继承获得财产同样有经济价值的收入被称为“视同继承遗产”，其中最具代表性的是继承人或者遗嘱规定领取人所获得的死亡保险赔付和死亡退职金等。继承人在继承发生之前年内得到的被继承人的生前赠与，要对继承人在获得被继承人生前赠与时已经缴纳的赠与税进行扣除。

(3)税率

日本遗产税的税率是针对每个继承人所继承的超过免征额的遗产而设定的，采用超额累进税率，分 8 个级次，最低边际税率为 10%，最高边际税率为 55%(见表 15-7)。

表 15-7　　日本遗产税税率

应纳税额(X)	税率	速算扣除数
X<1000 万日元	10%	0
1000 万日元<X≤3000 万日元	15%	50 万日元
3000 万日元<X≤5000 万日元	20%	200 万日元
5000 万日元<X≤1 亿日元	30%	700 万日元
1 亿日元<X≤2 亿日元	40%	1700 万日元
2 亿日元<X≤3 亿日元	45%	2700 万日元
3 亿日元<X≤6 亿日元	50%	4200 万日元
6 亿日元<X	55%	7200 万日元

Source: Yakovlev, P. A. & A. Davies, “How does the estate tax affect the number of firms?” *Journal of Entrepreneurship & Public Policy*, 2016, 3(1): 334-357.

3.日本遗产税制度中有利于经济效率的税收优惠

日本遗产税制度中对农业、林业等给予特别税收优惠,以鼓励农业、林业的发展,促进绿色发展。

农用土地等遗产的纳税特别措施。继承农用土地并继续经营农业的继承人,如果其遗产税的税额超过了农用土地的交易价格(农业投资价格),超过的部分可以通过提供担保而延期缴纳。而且当该继承人去世,或者连续从事农业 20 年以后,缓纳的税款可以免除。

如果遗产中的主要项目是树木,延期缴纳税款最长可以延长到 40 年。对树木之类的遗产进行延迟缴纳税款,其实质上相当于在规定时期内政府给予纳税人一笔与其延期纳税数相等的无息贷款,这在一定程度上可以帮助企业解除财务困难,减缓纳税压力。

树木评估价格。通过继承或者遗赠取得的树木,根据树木时价的 85%进行价格评估。

(四)德 国

1.德国遗产税发展历程

德国以《遗产法》和《评估法》为前提,在 1906 年正式开征遗产税。德国遗产税法征收的原则是按实际缴税能力征税。经过多次调整后,德国于 2008 年确立了现行《遗产税法》,共 39 条,分为 5 个部分,分别规定了纳税人、税率、征收管理、征税范围和时间以及价值评估标准。

德国遗产税法按照亲疏关系划分纳税义务人,即实行分遗产税制,纳税人分为三个级别:一级纳税人包括配偶、子女、孙辈以及父母、祖父母;二级纳税人包括兄弟姐妹、侄子侄女、岳父母、女婿媳妇、前任配偶;剩余的其他纳税人归入三级纳税人。根据其对纳税人的划分,采用的是双倍累进税率,一方面按照纳税人等级累进,另一方面按照纳税额(遗产评估值)累进(见表 15-8)。

表 15-8　　2018 年德国遗产税起征点

亲疏关系	起征点(万欧元)
配偶及生活伴侣	50
子女、继子女	40
孙辈	20

续表

亲疏关系	起征点(万欧元)
其他一级纳税人	10
二级纳税人、三级纳税人	2

Source:Ekelund, R.B. & D.M. Walker. J.S.,"Mill on the Income Tax Exemption and Inheritance Taxes: The Evidence Reconsidered", *History of Political Economy*, 2012, 28 (4):559-581.

2.德国遗产税制度中有利于经济效率的税收优惠

对农、林、牧、渔等生产、经营性财产的价值评估采取从宽政策,一是其评估价值比较低,政府在以前年度统一评估确定的评估价值多年来一直沿用,没有调整;二是应纳税财产征税的时候适用优惠税率,即第一等顺序继承者(即配偶、子女和继子女、子女和继子女的直系亲属、因被继承人去世而获得财产的父母和祖父母)适用低税率。

对工商企业生产、经营性财产价值的评估按照其账面价值确定,与征收所得税的依据一致,从而避免因单独计算而降低效率。这部分财产的估价一般比其市场价格低得多,仅相当于市价的60%左右。

土地、房产、车辆、船舶等财产的价值按照市场价值评估。其中,对土地、房产等财产价值的评估有特别规定,即土地价值按照政府规定的基准地价评估,房产价值则按照其净值评估,出租的房屋按照出租收益评估其价值。土地、房屋应税价值的评估也是从低的,一般仅相当于其市场价格的80%左右。

在继承企业、农业、林业等生产、经营性财产的时候,每一个继承人可以在其继承遗产总额中扣除50万马克,然后就其继承遗产超过50万马克的部分缴纳遗产税。

在德国,当被继承人遗留的财产属于农业、林业、工商企业以及在有限责任公司和股份公司所拥有25%以上的股份等生产、经营性资产时,为了避免因征收遗产税而给企业生产、经营的正常运行和就业等带来不利影响,对上述生产、经营性资产在以下几方面给予优惠:一是对50万马克以下的生产、经营性资产予以免税;二是对超过50万马克的生产、经营性资产给予40%的减税;三是对生产、经营性资产的继承人,不论是谁,均按第一类纳税人的适用税率征税,即适用较低的税率;四是对生产、经营性资产所应缴纳的遗产税税款,可以分10年缴清,但是每年所缴纳的税款不得少于应纳税款总额的10%。此外，对生产、经营性资产进行评估时，一般从低估价。[①]

(五)法 国

1.法国遗产税发展历程

法国从1789年大革命开始征收遗产税，目的是适当调节社会成员的财富分配，以避免财富过度集中在少数人手中。遗产税和赠与税通常与继承制度紧密相连。二战结束后，法国开始实行分遗产税，即针对各个继承人与被继承人的亲疏关系和继承人的实际负担能力，采用累进税率。法国遗产税计算非常复杂。首先减去负债(例如房屋贷款等)，确定分给每个继承人的净资产，再确定免税比例。征税时，税率又按直系血亲、兄弟姐妹和其他人之间继承与赠与，分成不同类别的累进税率。2012年，法国总统选举期间，遗产税一度引发广泛争论。据民间调查显示，约85.8%的法国受访民众希望取消遗产和赠与税。现任总统奥朗德的竞选策略之一就是“考虑在未来取消遗产和赠与税”，但其上台执政后由于财政压力，反倒呼吁富人为国家多做贡献，从而变相加大了这一税种的征收力度。不但如此，法国也因为对年收入超过100万欧元的富人征收高达75%的所得税政策而引发了一波“避税出走潮”。

2.法国遗产税制度中有利于经济效率的税收优惠

第一，对于农、林等生产、经营性财产，予以免税优惠。

第二，法国鼓励被继承人在其生前将生产性财产转移给其继承人，并对此给予扣除。例如：被继承人65岁以前赠与生产性财产的，减免50%；65～75岁赠与的，减免30%；超过75岁赠与的，不予减免。继承个体经营企业的，可以减免50%，但是应当符合以下条件：一是死者死亡以前2年实际拥有该企业；二是继承人保证保有该企业6年以上；三是继承人之一继续经营该企业。

第三，出于经济方面的考虑，以下不动产可以享受减免税：

①继承生产性企业的减免50%；

②继承林场并保证继续经营30年的，减免75%；

③继承耕地等农用资产并长期出租的，减免75%；

④国家、地方政府、公益组织继承的遗产可以免税；

---

① See Ekelund, R. B. & D. M. Walker. J. S., “Mill on the Income Tax Exemption and Inheritance Taxes: The Evidence Reconsidered”, *History of Political Economy*, 2012, 28 (4): 559-581.

⑤经批准的文化古迹可以免税。[①]

四、创新战略下我国遗产税制度设计建议

(一)遗产税的类型选择

结合我国实际,根据对各国遗产税的研究,我国在开征遗产税的初期应该采用税制简单、征管相对容易的总遗产税制。主要原因有以下几点:首先,我国的遗产分配主要在家庭内部进行,税源隐蔽,加上相关的法律法规不健全,使得遗产税的征管工作具有很大的困难和挑战,为了减少税源流失,则不应该选择分遗产税制,而应该采用总遗产税制。其次,由于遗产税税制复杂,征管难度高,采用总遗产税制度有利于减少征纳成本,提高征税效率。混合遗产税制重复征税,征管难度高,计算复杂,技术难度大,在当今时代用之甚少,也不符合我国国情。

(二)纳税人

遗产税的纳税义务人为遗产管理人和遗嘱执行人。在确定遗产税的纳税义务人时应该遵循继承法中关于继承顺序的规定。首先,由于遗嘱继承能够反映被继承人的意愿,因此遗产税的纳税义务人应该首先锁定遗嘱执行人。其次,如果没有遗嘱执行人,则应该将继承人作为纳税义务人,若继承人为无民事行为能力人或限制行为能力人,则以其监护人为纳税义务人。最后,如果连继承人也没有,则将遗产管理人作为纳税义务人。

(三)征税对象

遗产税作为财产税,其征税对象是被继承人遗留的财产。在发达国家的税收实践中,作为遗产税征税对象的财产几乎包含了一切可以估值的动产和不动产。动产主要包括银行存款和股票股权等金融资产,不动产主要是房产和土地使用权。目前在我国居民的财产结构中比例最大的就是金融资产和房产。由于银行储蓄,股票交易已经实现了实名制,不动产登记制度也在逐步完善,税务机关能够有效地掌握纳税人这两类资产的信息。因此,我国遗产税的征税对象应该以金融资产和房产为主,同时税务机关加强和

---

① See Ekelund, R. B. & D. M. Walker. J. S. ,"Mill on the Income Tax Exemption and Inheritance Taxes: The Evidence Reconsidered", *History of Political Economy*, 2012, 28 (4): 559-581.

中介评估机构的协作，将艺术品，文物等资产一并纳入征税对象之中，防止逃避遗产税行为的发生。

(四)税　率

目前开征遗产税的国家存在两种税率形式：比例税率和累进税率，而采用累进税率的国家居多。两种税率形式各有利弊，比例税率计算简单，符合税收效率原则，但无法体现税收公平原则；累进税率虽然计算复杂，但在调节收入分配、促进公平方面具有良好的性能。鉴于调节收入分配是我国开征遗产税的主要目的，因此应该采用超额累进税率。由于遗产继承是完全的非劳动所得，所以遗产税的边际税率原则上要高于个人所得税的边际税率才能提现其在促进收入公平方面的作用。但是遗产税税率过高会打击居民创造财富积极性，影响社会投资和造成资本外流，所以遗产税的税率也不能设置得过高。

在开征遗产税的国家中，绝大部分国家遗产税的最高边际税率都在50%及以上水平，我国个人所得税的最高边际税率是45%。因此，将我国遗产税的最高边际税率控制在45%～55%之间是比较合理的。

(五)计税依据

遗产税的计税依据以遗产总额减去免税项目、扣除项目和免征额之后的净额来确定，该净额也被称为"应税遗产净额"。结合我国相关规定和其他国家的经验，免税项目应该包括以下几类：

第一，慈善捐赠款项。对遗赠人、受赠人或继承人捐赠给各级政府、教育、民政和福利、公益事业的遗产予以免税。

第二，夫妻间的遗产赠与全额免税。

第三，被继承人自己创作、发明，或参与创作、发明，并归本人所有的著作权、专利权、专有技术予以免税。

第四，对于符合规定的家庭共有事业给予一定额度的免税。扣除项目包括：

①基本生活费用，包括一些生活必需品。

②被继承人的丧葬费用。丧葬费用设有最高扣除项目，超出部分不予扣除。

③遗产管理费用。遗产在管理中发生的各种费用，包括律师费、公证费等。

④被继承人生前依法应补缴的各项税款、罚款、滞纳金。

⑤被继承人死亡之前未偿还的具有确凿证据的各项债务。

(六)免征额

免税额的大小能够直接影响征税范围的大小，免征额的设定应符合目标征税范围。我国遗产税的目标征税范围是总人口中1%的最富有群体。胡润财富研究院公布的数据显示，截至2016年5月，我国拥有1000万元人民币的高净值人口为134万，占我国2016年总人口数136782万的0.1%左右，因此，以1000万元作为免征额的设置依据符合我国遗产税征收范围的要求。一般情况下，免税项目和扣除项目之和占遗产总额的比例不会超过50%，由于我国初次开征遗产税应该尽量设置更多的税收优惠，以减少征税阻力，因此将免税项目和扣除项目的比重定为50%较合理。经计算，1000万元的总遗产减除50%的免税项目和扣除项目之后为500万元，因此，可将500万元作为我国遗产税的免征额，同时也能保证资产超过1000万元的群体在遗产税的征税范围中。遗产税的免征额还应该随着经济水平的变动而作出调整，最简单的办法就是将其与GDP和通货膨胀率等指标建立起联动关系，实现税收指数化。同时，要重视与周边国家遗产税免征额的呼应，避免因免征额较低造成资本外逃。①

① 参见刘明慧、侯雅楠:《现代税制改革目标下的遗产税制度逻辑与功能定位》,《财经问题研究》2016年第11期。

主要参考文献

一、著　作

[1]Baumol, William J and Wallace E. Oates. *The Theory of Environmental Policy* [M]. Cambridge: Cambridge University Press. 1988.

[2]庇古,金镝译.福利经济学[M].北京:华夏出版社,2007.

[3]陈新平.低碳财税政策[M].上海:立信会计出版社, 2012.

[4]胡怡建,田志伟,李长生.房地产税国际比较[M].北京:中国税务出版社,2017.

[5]蒋震.中国消费税改革研究[M].北京:中国税务出版社,2017.

[6]李新庚.创新创业基础[M].北京:人民邮电出版社,2016.

[7]梁云凤.绿色财税政策[M].北京:社会科学文献出版社, 2010.

[8]刘佐,石坚.遗产税制度研究[M].北京:中国财政经济出版社, 2003.

[9]禹奎.中国遗产税研究:效应分析和政策选择[M].北京:经济学科出版社,2009.

[10]张宏翔.环境税的理论和实际——基于西方先进国家的成功经验分享[M].北京:科学出版社, 2015.

[11]中国人民大学财税研究所.中国增值税改革影响与展望[M].北京:中国人民大学出版社,2016.

二、论　文

[1]AlgėBudrytė. Corporate income taxation in Lithuania in the con-

text of the EU[J]. *Research in International Business & Finance*, 2005, 19(2):200-228.

[2]AnabelZárate-Marco, Jaime Vallés-Giménez. Environmental tax and productivity in a decentralized context: new findings on the Porter hypothesis[J]. *European Journal of Law and Economics*, 2015, 40(2): 313-339.

[3]Batchelder, L. L. What should society expect from heirs? a proposal for a comprehensive inheritance tax[J]. *Social Science Electronic Publishing*, 2008, 63 (1).

[4]Björn Windén, Mingsheng Chen, Naoya Okamoto, Do Kyun Kim, Elizabeth McCaig, Ajit Shenoi, Philip Wilson. An investigation into the logistical and economical benefits of using offshore thermal power in a future CCS scheme[J]. *Energy Procedia*, 2013, 37:2997-3004.

[5]Devereux M. P., Griffith R., Klemm A. D. Corporate income tax reform and international tax competition[J]. *Economic Policy*, 2002, 17(35):449-495.

[6]Devereux, Michael P., Griffith, Rachel, Klemm, Alexander. Corporate income tax reforms and international tax competition[J]. *Economic Policy*, 2010, 17(35):449-495.

[7]DmitryKrass, Timur Nedorezov, Anton Ovchinnikov. Environmental taxes and the choice of green technology[J]. *Production and Operations Management*, 2013, 22(5):1035-1055.

[8]Ekelund, R. B. & D. M. Walker. J. S. Mill on the income tax exemption and inheritance taxes: the evidence reconsidered[J]. *History of Political Economy*, 2012, 28 (4) :559-581.

[9]Fleischer, M. P. Charitable contributions in an ideal estate tax [J]. *Social Science Electronic Publishing*, 2006, 6(3).

[10]Goolsbee A. The impact of the corporate income tax: evidence from state organizational form data[J]. *Journal of Public Economics*, 2004, 88(11):2283-2299.

[11]Hacker, D. Intergenerational wealth transfer and the need to revive and metamorphose the israeli estate tax[J]. *Law & Ethics of Hu-*

man Rights, 2014, 8(1): 59-101.

[12]Hełdak, M. & A. Stacherzak. & V. Baumane. Real estate value tax based on the latvian experience[J]. *Real Estate Management & Valuation*, 2015, 22(4): 60-67.

[13]Hugh Hennessy, Richard S. J. Tol. The impact of tax reform on new car purchases in Ireland[J]. *Energy Policy*, 2011, 39(11): 7059-7067.

[14]ITO Yasushi. Environmental tax and innovation: the Swedish experience[J]. *The Journal of Science Policy and Research Management*, 2009, 23(3): 194-200.

[15]J. Alm & B. Torgler, Culture differences and tax morale in the United States and in Europe [J]. *Journal of Economic Psychology*, 2006 (2): 224-246.

[16]Jacob Klok, Anders Larsen, Anja Dahl, Kirsten Hansen. Ecological tax reform in Denmark: history and social acceptability[J]. *Energy Policy*, 2004, 34(8): 905-916.

[17]Kathleen Grace, The impact of personal income tax rates on the employment decisions of smallbusinesses[J]. *Journal of Entrepreneurship and Public Policy*, 2018, 7 (1): 74-104.

[18]Meltzer, Joshua. A carbon tax as a driver of green technology innovation and the implications for international trade [J]. *Energy Law Journal*, 2014, 35(1): 45-69.

[19]Mitsutsugu Hamamoto. Environmental regulation and the productivity of Japanese manufacturing industries[J]. *Resource and Energy Economics*, 2006, 28(4): 299-312.

[20]O'Neill, M. "Death and taxes" Social justice and the politics of inheritance tax[J]. *Renewal*, 2007, 15(4): 62-71.

[21]Porter M. E., Linde C. Toward a new conception of the environment-competitiveness relationship[J]. *Journal of Economic Perspectives*, 1995, 9(4): 97-118.

[22]Roger H. Gordon, Wojciech Kopczuk. The choice of the personal income tax base [J]. *Journal of Public Economics*, 2014(7): 97-110.

[23]Sanjeev Gupta, Walter Mahler. Taxation of petroleum products

[J]. *Energy Economics*, 1995, 17(2): 101-116.

[24]Strawczynski, M. The optimal inheritance tax in the presence of investment in education[J]. *International Tax & Public Finance*, 2014, 21(4): 768-795.

[25]Tadić, M. Economic effects real estate tax[J]. *Economics*, 2016, 4(1): 137-150.

[26]Thomas Sterner. Fuel taxes: An important instrument for climatepolicy[J]. *Energy Policy*, 2007, 35(6): 3194-3202.

[27]TillRequate. Timing and commitment of environmental policy, adoption of new technology, and repercussions on R&D[J]. *Environmental & Resource Economics*, 2005, 31(2): 175-199.

[28]Yakovlev, P. A. & A. Davies. How does the estate tax affect the number of firms? [J]. *Journal of Entrepreneurship & Public Policy*, 2016, 3(1): 96-117.

[29]白彦锋. 房产税未来能成为我国地方财政收入的可靠来源吗[J]. 经济理论与经济管理, 2012(5): 57-64.

[30]包健. 促进科技创新的税收激励政策分析[J]. 税务研究, 2017(12): 40-43.

[31]陈琍. 欧盟新一轮的增值税改革及启示[J]. 国际税收, 2017(2): 60-62.

[32]陈林峰. 我国现行激励企业技术创新税收政策评析[J]. 税务研究, 2017(3): 38-42.

[33]陈炜. 英国个人所得税征收模式的实践经验与启示[J]. 涉外税务, 2013(1): 44-48.

[34]代明, 刘佳, 张杭. 企业科技创新市场失灵的形成逻辑与有效治理[J]. 中国科技论坛, 2014(2): 11-16.

[35]邓菊秋, 徐婧, 龚德昭. 房产税功能定位的国际比较及启示[J]. 地方财政研究, 2016(5): 107-112.

[36]邓菊秋, 朱克实. 英国房产税的功能定位及其启示[J]. 税务研究, 2015(12): 82-85.

[37]邓菊秋. 韩国房地产税的功能定位及其评析[J]. 税收经济研究, 2016, 21(3): 1-7.

[38]丁红燕，董绍青. 中韩增值税制度的比较[J]. 涉外税务，2009(4)：46-49.

[39]董正. OECD国家环境税体系的发展及其对我国的启示[J]. 国际税收，2014(4)：53-56.

[40]高萍. 丹麦"绿色税收"探析[J]. 税务研究，2005(4)：91-94.

[41]龚辉文. 节能减排视角下消费税绿化的国际趋势及启示[J]. 涉外税务，2013(3)：26-31.

[42]龚辉文. 消费税征收范围和税率的国际变化趋势与国内政策选择[J]. 国际税收，2014(3)：12-15.

[43]关小虎，白洁. 加拿大公司所得税制度与征管经验借鉴[J]. 国际税收，2008，248(12)：48-50.

[44]韩函霄. 我国高污染产品消费税的税制设计[J]. 税务研究，2015(4)：47-51.

[45]郝晓薇，廖勇. 绿色发展理念与消费税的完善[J]. 税务研究，2013(7)：42-45.

[46]何辉，樊丽卓. 房产税的收入再分配效应研究[J]. 税务研究，2016(12)：48-52.

[47]何志浩. 西方国家环境税及其对我国的借鉴意义[J]. 改革与理论，2002(11)：10-11.

[48]侯赛因，刘恩华. 关于推进个税改革的创新性建议[J]. 经济研究，2017(36)：42-43.

[49]胡文龙. 当前我国创新激励税收优惠政策存在问题及对策[J]. 中国流通经济，2017，31(9)：100-108.

[50]胡文龙. 当前我国创新激励税收优惠政策存在问题及对策[J]. 中国流通经济，2017. 31(9). 100-108.

[51]胡勇辉，罗淑琴，黄黎明. 促进创新的企业所得税政策选择：国际经验与启示[J]. 税务研究，2016(12)：62-64.

[52]黄璟莉. 国外房产税的征收经验及对我国的启示[J]. 财政研究，2013(2)：66-71.

[53]金仁淑. 日本消费税改革的经济效益探析[J]. 日本学刊，2015，(2)：57-74.

[54]鞠铭. 从国际经验看我国研发活动企业所得税优惠政策的完善

[J]. 税务研究，2017(12):35-39.

[55]鞠铭.从国际经验看我国研发活动企业所得税优惠政策的完善[J].税务研究,2017(12):35-39.

[56]李承益.我国房产税改革研究[J].宏观经济研究,2015(1):103-108.

[57]李婉红.排污费制度驱动绿色技术创新的空间计量检验——以29个省域制造业为例[J].科研管理,2015,36(6):1-9.

[58]李文.国外个人所得税改革的趋向和动因[J].涉外税务,2009(10):19-23.

[59]李香菊,杜伟,王雄飞.环境税制与绿色发展:基于技术进步视角的考察[J].当代经济科学,2017,39(04):117-128.

[60]李香菊,杜伟.生态文明建设视角下我国税制绿化改革路径研究[J].经济问题探索,2015(11):28-34.

[61]李香菊,祝丹枫."绿色经济"视角下汽车消费税的政策效应[J].北京理工大学学报(社会科学版),2017,19(5):18-27.

[62]李璎.丹麦环境税制度及其对我国的启示[J].经济论坛,2011(10):191-194.

[63]李永刚.中国房产税制度设计研究——基于沪渝试点及国际经验借鉴视角[J].经济体制改革,2015(1):180-184.

[64]李永刚.中国遗产税制度设计研究[J].学海,2015(1):185-189.

[65]梁俊娇,李羡於,刘亚敏.我国区域税收负担与区域经济增长关系的实证分析[J].中央财经大学学报,2017(6):22-29.

[66]刘斌,杨开元,王菊仙.小微企业自主创新税收政策的优化思路[J].税务研究,2013(3):20-23.

[67]刘凤良,吕志华.经济增长框架下的最优环境税及其配套政策研究——基于中国数据的模拟运算[J].管理世界,2009(6):40-51.

[68]刘建徽,周志波,刘晔."双重红利"视阈下中国环境税体系构建研究——基于国际比较分析[J].宏观经济研究,2015(2):68-77.

[69]刘建民、印慧.西方主要发达国家税制改革经验及借鉴[J].财政研究,2004(4):29-31.

[70]刘剑文.房产税改革正当性的五维建构[J].法学研究,2014(2):131-151.

[71]刘剑文. 房产税改革正当性的五维建构[J]. 法学研究,2014(2):53-57.

[72]刘梅. 我国房产税税制改革的路径研究——兼论沪渝房产税改革试点效应[J]. 经济体制改革,2012(5):119-122.

[73]刘明慧,侯雅楠. 现代税制改革目标下的遗产税制度逻辑与功能定位[J]. 财经问题研究,2016(11):66-73.

[74]倪红日. 营改增的供给侧结构改革效应明显[J]. 税务研究,2017,3(386):92-94.

[75]潘孝珍. 高新技术企业所得税名义税率优惠的科技创新激励效应[J]. 西南财经政法大学学报,2017(6):103-111.

[76]齐绍洲,徐佳. 环境规制与制造业低碳国际竞争力——基于二十国集团"波特假说"的再检验[J]. 武汉大学学报(哲学社会科学版),2018,71(1):132-144.

[77]任强. 房产税:美国实践及借鉴[J]. 财政研究,2015(1):53-57.

[78]田效先. 企业所得税发展的国际趋势及对我国的启示[J]. 税务研究,2016(8):47-50.

[79]佟萌娜. 完善我国科技创新财税政策的思考[J]. 国际税收,2017(11):77-80.

[80]童锦治,苏国灿,刘欣陶. 我国消费税的收入再分配效应分析[J]. 税务研究,2017(1):15-21.

[81]万莹,徐崇波. 成品油消费税税率和税负水平的国际比较研究[J]. 当代财经,2016(2):43-51.

[82]王刚. 促进战略性新兴产业发展的个人所得税设计[J]. 税务研究,2012(325):12-16.

[83]王红晓. 李顺明. 于洪喜. 新加坡和中国个人所得税税率变化比较. [J]. 税务研究,2015 (10):102-105.

[84]王家庭,曹清峰. 房产税能够降低房价吗——基于 DID 方法对我国房产税试点的评估[J]. 当代财经,2014(5):34-44.

[85]王建平. 适度降低法定税率是完善增值税制度的关键[J]. 税务研究,2017, 7(394):40-45.

[86]王建平. 营改增后的增值税管理思路与路径[J]. 税务研究, 2016,12(383):25-29.

[87]王金南，葛察忠，高树婷，严刚，董战峰.中国独立型环境税方案设计研究[J].中国人口·资源与环境，2009，19(2)：69-72.

[88]王乔，伍红.后营改增时代完善我国增值税制度的思考[J].国际税收，2017，4(7)：11-13.

[89]王玺，张嘉怡.促进企业研发创新的税收政策探析[J].税务研究，2015(1)：28-33.

[90]王玺，张嘉怡.税收优惠对企业创新的经济效果评价[J].财政研究，2015(1)：58-62.

[91]王小广.落实营改增改革完善税制促转型[J].税务研究，2016，1(382)：3-6.

[92]王哲林.环境税的国际比较及借鉴[J].税务研究，2007(7)：78-82.

[93]王正平，李耀锋.美国遗产税政策的伦理基础及其对社会道德产生的影响[J].湖北社会科学，2014(5)：51-56.

[94]魏杰，汪浩.发挥营改增作用推动供给侧结构性改革[J].税务研究，2016，1(383)：3-7.

[95]魏陆.扩大增值税征收范围改革研究[J].经济问题探索，2011(7)：139-143.

[96]席卫群.节能减排税收政策的有效性分析——基于工业高耗能行业数据[J].当代财经，2014(6)：5-12.

[97]胥力伟.基于环境税作用机理的我国环境税改革风险分析[J].中央财经大学学报，2010(4)：13-17.

[98]徐宁，吴福象.我国房产税试点的绩效评价与政策优化研究[J].上海经济研究，2012(4)：105-114.

[99]徐志.荷兰的环境税及其借鉴[J].涉外税务，1999(12)：36-38.

[100]杨斌.论中国式个人所得税征管模式[J].税务研究，2017(385)：30-38.

[101]杨杨，杜剑.碳税的国际经验与借鉴[J].涉外税务，2010(1)：41-44.

[102]尹磊.环境税制度构建的理论依据与政策取向[J].税务研究，2014(6)：47-50.

[103]俞杰.环境税“双重红利”在我国的适用性探讨[J].税务研究，2017(6)：75-78.

[104]袁建国，胡明生，陶伟. 国外个人所得税改革趋势和借鉴[J]. 税务研究，2017(7)：54-58.

[105]袁业虎. 营改增对金融业的影响及其发展机遇分析[J]. 税务研究，2017，5(390)：31-33.

[106]臧传琴，赵海修，王静，刘立奎. 环境税的技术创新效应——来自1995～2010年中国经验数据的实证分析[J]. 税务研究，2012(9)：32-36.

[107]臧传琴. 我国消费税的环境保护效应及其改进[J]. 税务研究，2013(7)：38-39.

[108]詹鹏，李实. 我国居民房产税与收入不平等[J]. 经济学动态，2015(7)：14-24.

[109]张存省. 完善我国房产税制的研究[J]. 财政监督，2018(7)：90-94.

[110]张德勇. 进一步完善房产税的几个问题[J]. 税务研究，2011(31)：10-15.

[111]张富强，蚁佳纯. 欧洲国家"专利盒"创新税制对我国的借鉴[J]. 贵州社会科学，2016(11)：101-106.

[112]张富强. 论我国房产税计税依据的路径选择[J]. 税务研究，2012(11)：60-64.

[113]张嘉怡. 有效创新激励还是有害税收竞争？——BEPS背景下"专利盒"政策的困境[J]. 中央财经大学学报，2015，1(5)：3-15.

[114]张文春，陈奎. 增值税的国际比较与思考[J]. 财经问题研究，2000(3)：28-34.

[115]赵丽萍. 强化环境保护功能的消费税改革路径[J]. 税务研究，2013(7)：46-50.

[116]孟莹莹. 中国消费税的经济效应研究[D]. 成都：西南财经大学，2012.

[117]许强. 激励企业技术创新的财税政策研究[D]. 北京：中央财经大学，2015.

[118]张嘉怡. 促进企业研发创新的税收优惠政策研究[D]. 北京：中央财经大学，2016.

[119]裴涵. 激励我国企业技术创新的税收政策研究[D]. 大连：东北财经大学，2012.

[120]许强.激励企业技术创新的财税政策研究[D].北京:中央财经大学,2015.

三、报　纸

[1]李丽辉.一减一加 哪些企业最受益[N].人民日报,2018-03-31.

[2]钟和.环保税成为世界税收新亮点[N].中国税务报,2007-06-13.

[3]贾康.再谈房产税:改革的相关考虑和推进要点[N].2013-07-30.

[4]贾学颖.简并增值税税率为企业直接减负[N].中国财经报,2017-06-20.

[5]贾康.2018 年税制改革将如何发力?[N].上海证券报,2018-01-23.

[6]傅志华.深化增值税改革助力高质量发展[N].中国财经报,2018-04-17.

后 记

本书分别从增值税、消费税、企业所得税、个人所得税、房产税、环保税和遗产税等方面研究了创新驱动发展战略下结构性减税机制与制度。感谢博士后基金“实施创新驱动发展战略的结构性减税机制和制度研究(2017M620063)”的支持。

本书的顺利完成离不开很多同学的参与。其中,连淑、沈妍同学负责增值税部分,蒋子琪负责消费税部分,杨耀华、左欣换负责企业所得税部分,张瀚月、张娅楠负责个人所得税部分,吕晨婷、吴忧负责房产税部分,洪文姣、楼宇佳负责环保税部分。赵丽思负责遗产税部分,书稿由郑玉花汇总整理,姜艳凤负责全书写作并进行最终统稿。

姜艳凤

2019 年 7 月